Die schönsten Weihnachts-Geschichten

von Peter Rosegger

Butzon & Bercker

Bibliografische Information der Deutschen Nationalbibliothek

Die Deutsche Nationalbibliothek verzeichnet diese Publikation in der Deutschen Nationalbibliografie; detaillierte bibliografische Daten sind im Internet über http://dnb.d-nb.de abrufbar.

Das Gesamtprogramm von Butzon & Bercker finden Sie im Internet unter www.bube.de

ISBN 978-3-7666-3596-9

Neuausgabe 2023

Umschlaggestaltung: Tanja Manden, Kevelaer
Layout und Satz: Werner Dennesen, Weeze

Inhalt

In der Christnacht

In unserer Stube, an der mit grauem Lehm übertünchten Ofenmauer, stand jahraus, jahrein ein Schemel aus Eichenholz. Er war immer glatt und rein gescheuert, denn er wurde, wie die anderen Stubengeräte, jeden Samstag mit feinem Bachsand und einem Strohwisch abgerieben. In der Zeit des Frühlings, des Sommers und des Herbstes stand dieser Schemel leer und einsam in seinem Winkel, nur an jedem Tag zur Abendzeit zog ihn die Ahne etwas weiter hervor, kniete auf denselben hin und verrichtete ihr Abendgebet. Auch an den Samstagen, wenn der Vater am Tisch die Feierabendandacht vorbetete, kniete die Ahne auf dem Schemel. Als aber der Spätherbst kam mit den langen Abenden, an welchen die Knechte in der Stube aus Kienscheiten Leuchtspäne schnitzten und die Mägde sowie auch meine Mutter und die Ahne Wolle und Flachs spannen, und als die Adventzeit kam, in welcher an solchen Span-

und Spinnabenden alte Märchen erzählt und geistliche Lieder gesungen wurden, da saß ich beständig auf dem Schemel am Ofen. Ich hörte von da aus den Geschichten und Gesängen zu, und wenn solche schauerlich wurden und sich meine kleine Seele aufzuregen und zu fürchten begann, rückte ich den Schemel näher zu der Mutter und begann mich ängstlich an ihr Kleid zu halten, und ich konnte gar nicht mehr begreifen, wie die anderen über mich oder über ihre schrecklichen Geschichten noch zu lachen vermochten. Zuletzt, als es zum Schlafengehen kam und mir die Mutter mein Ladbettchen hervorzog, wollte ich schon gar nicht mehr allein in das Bett gehen, und es musste die Ahne neben mir liegen, bis die fürchterlichen Bilder in mir vergingen und ich endlich einschlief. Aber die langen Adventnächte waren bei uns immer sehr kurz. Bald nach zwei Uhr begann es im Hause unruhig zu werden. Oben auf dem Dachboden hörte man die Knechte, wie sie sich ankleideten und umhergingen, und in der Küche brachen die Mägde Späne ab und schürten am Herde. Dann gingen sie alle auf die Tenne zum Dreschen. Auch die Mutter war aufgestanden und hatte in der Stube Licht gemacht; bald darauf erhob sich der Vater, und sie zogen Kleider an, die nicht ganz für den Werktag und auch nicht ganz für den Feiertag waren. Dann sprach die Mutter zur Ahne, die im Bett lag, einige Worte, und wenn ich, erweckt durch die Unruhe, auch irgendeine Bemerkung tat, so gab sie mir bloß zur Antwort: „Sei du nur schön still und schlaf!" – Dann zündeten meine Eltern eine Laterne an, löschten das Licht in der Stube aus und gingen aus dem Hause. Ich hörte noch die äußere Tür gehen, und ich sah an den Fenstern den Lichtschimmer vorüberflimmern, und ich hörte das Ächzen der Tritte im Schnee, und ich hörte noch das Rasseln des Kettenhundes. – Dann wurde es wieder ruhig, nur das dumpfe, gleichmäßige Pochen der Drescher war zu vernehmen, dann schlief ich wieder ein. Der Vater und die Mutter gingen in die fast drei Stunden entfernte Pfarrkirche zur Rorate. Ich träumte ihnen nach, ich hörte die Kirchenglocken, ich hörte den Ton der Orgel und das Adventlied: Maria sei gegrüßt, du lichter Morgenstern! Und ich sah die Lichter am Hochaltar, und die Engelein, die über demselben standen, breiteten ihre goldenen Flügel aus und flogen in der Kirche umher, und einer, der mit der Posaune über dem Predigtstuhl stand, zog hinaus in die Heiden und in die Wälder und blies es durch die ganze Welt, dass die Ankunft des Heilands nahe sei.

Als ich erwachte, strahlte die Sonne schon lange zu den Fenstern herein, und draußen glitzerte und flimmerte der Schnee, und die Mutter ging wieder in der Stube umher und war in Werktagskleidern und tat häusliche Arbeiten. Das Bett der Ahne neben dem meinigen war auch schon geschichtet, und die Ahne kam nun von der Küche herein und half mir die Höschen anziehen und wusch mein Gesicht mit kaltem Wasser, dass ich aus Empfindsamkeit zugleich weinte und lachte. Als dieses geschehen war, kniete ich auf meinen Schemel hin und betete mit der Ahne den Morgensegen:

In Gottes Namen aufstehen,
gegen Gott gehen,
gegen Gott treten,
zum himmlischen Vater beten,
dass er uns verleih
lieb Englein drei:
der erste, der uns weist,
der zweite, der uns speist,
der dritt, der uns behüt und bewahrt,
dass uns an Leib und Seel nichts widerfahrt.

Nach dieser Andacht erhielt ich meine Morgensuppe, und nach derselben kam die Ahne mit einem Kübel Rüben, die wir nun zusammen zu schälen hatten. Ich saß dabei auf meinem Schemel. Aber bei dem Schälen der Rüben konnte ich die Ahne nie vollkommen befriedigen; ich schnitt stets eine zu dicke Schale, ließ sie aber stellenweise doch wieder ganz auf der Rübe. Wenn ich mich gar in die Finger schnitt und sofort zu weinen begann, so sagte die Ahne immer sehr unwirsch: „Mit dir ist's wohl ein rechtes Kreuz, man soll dich frei hinauswerfen in den Schnee!" Dabei verband sie mir die Wunde mit unsäglicher Sorgfalt und Liebe.

So vergingen die Tage des Advents, und ich und die Ahne sprachen immer häufiger vom Weihnachtsfest und vom Christkind, das nun bald kommen werde zu den Menschen. Je mehr wir dem Feste nahten, um so unruhiger wurde es im Haus. Die Knechte trieben das Vieh aus dem Stall und gaben frische Streu hinein und stellten die Barren und Krippen zurecht; der Halterbub striegelte die Ochsen, dass sie ein glattes Aussehen bekamen; der Futterbub mischte mehr Heu in das Stroh als gewöhnlich und bereitete davon einen ganzen Stoß in der Futterkammer. Die Kuhmagd tat das gleiche. Das Dreschen hatte schon einige Tage früher aufgehört, weil man durch den Lärm die nahen Feiertage zu entheiligen geglaubt hätte. Im ganzen Haus wurde gewaschen und gescheuert, selbst in die Stube kamen die Mägde mit ihren Wasserkübeln und Strohwischen und Besen hinein. Ich freute mich immer sehr auf dieses Waschen, weil ich es gern hatte, wie alles drunter und drüber gekehrt wurde, und weil die Glasbilder im Tischwinkel, die braune Schwarzwälderuhr mit ihrer Metallschelle und andere Dinge, die ich sonst immer nur von der Höhe zu sehen bekam, herabgenommen und mir näher gebracht wurden, so dass ich alles viel genauer und von verschiedenen Seiten betrachten konnte. Freilich war mir nicht erlaubt, dergleichen Dinge anzurühren, weil ich noch zu ungeschickt und unbesonnen dafür wäre und die Gegenstände leicht beschädigen könne. Aber es gab doch Augenblicke, in welchen man im eifrigen Waschen und Scheuern nicht auf mich achtete.

In einem solchen Augenblick kletterte ich einmal über den Schemel auf die Bank und von der Bank auf den Tisch, der aus seiner gewöhnlichen Stellung gerückt war und auf dem die Schwarzwälderuhr lag. Ich machte mich an die

Uhr, von der die Gewichte über den Tisch hingen, sah durch ein offenes Seitentürchen in das messingene, sehr bestaubte Räderwerk hinein, tupfte einigemal an die kleinen Blätter des Windrädchens und legte die Finger endlich selbst an das Rädchen, ob es denn nicht gehe; aber es ging nicht. Zuletzt rückte ich auch ein wenig an einem Holzstäbchen, und als ich das tat, begann es im Werk fürchterlich zu rasseln. Einige Räder gingen langsam, andere schneller, und das Windrädchen flog, dass man es kaum sehen konnte. Ich war unbeschreiblich erschrocken, ich kollerte vom Tisch über Bank und Schemel auf den nassen, schmutzigen Boden hinab; da fasste mich schon die Mutter am Röcklein, und die „birkene Liesel" war da. Das Rasseln in der Uhr wollte gar nicht aufhören, und zuletzt nahm mich die Mutter mit beiden Händen und trug mich in das Vorhaus und schob mich durch die Tür hinaus in den Schnee und schlug die Tür hinter mir zu. Ich stand wie vernichtet da, ich hörte von innen noch das Greinen der Mutter, die ich sehr beleidigt haben musste, und ich hörte das Scheuern und Lachen der Mägde, und ich hörte noch immer das Rasseln der Uhr. Als ich eine Weile dagestanden und geschluchzt hatte und als gar niemand kam, der mich wieder in das Haus gerufen hätte, ging ich fort nach dem Pfade, der in den Schnee getreten war, und ich ging über den Hausanger und über das Feld dem Walde zu. Ich wusste nicht, wohin ich wollte, ich bildete mir nur ein, dass mir ein großes Unrecht geschehen sei und dass ich nun nicht mehr in das Haus zurückkehren könne. Aber ich war noch nicht zum Wald gekommen, als ich hinter mir ein grelles Pfeifen hörte. Das war das Pfeifen der Ahne, wie sie es machte, wenn sie zwei Finger in den Mund nahm, die Zunge spitzte und blies: „Wo willst du denn hin, du dummes Kind“, rief sie, „wart, wenn du so im Wald herumlaufen willst, so wird dich schon die Mooswaberl abfangen, wart nur!“ Auf dieses Wort kehrte ich augenblicklich um, denn die Mooswaberl fürchtete ich unsäglich. Ich ging aber immer noch nicht in das Haus, ich blieb im Hof stehen, wo der Vater und zwei Knechte gerade ein Schwein aus dem Stall zogen, um es abzustechen. über das ohrenzerreißende Schreien des Tieres und über das Blut, das ich nun sah und das eine Magd in einem Topf auffing, vergaß ich auf das Vorgefallene, und als der Vater im Vorhaus das Schwein abhäutete, stand ich

schon wieder dabei und hielt die Hautzipfel, die er mit einem großen Messer von dem speckigen Fleisch immer mehr und mehr lostrennte. Als später die Eingeweide herausgenommen waren und die Mutter Wasser in das Becken goss, sagte sie zu mir: „Geh weg da, sonst wirst du ganz angespritzt!" Aus diesen Worten entnahm ich, dass die Mutter mit mir wieder versöhnt sei, und nun war alles gut, und als ich wieder in die Stube kam, um mich ein wenig zu erwärmen, stand da alles an seinem gewöhnlichen Platz. Boden und Wände waren noch feucht, aber reingescheuert, und die Schwarzwälderuhr hing wieder an der Wand und tickte. Und sie tickte viel lauter und heller durch die neu hergestellte Stube als früher.

Endlich nahm das Waschen und Scheuern und Glätten ein Ende, im Haus wurde es ruhiger, fast still, und der Heilige Abend war da. Das Mittagmahl am Heiligen Abend wurde nicht in der Stube eingenommen, sondern in der Küche, wo man das Nudelbrett als Tisch und sich um dasselbe herumsetzte und das einfache Fastengericht still, aber mit gehobener Stimmung verzehrte. Der Tisch in der Stube war mit einem schneeweißen Tuch bedeckt, und vor dem Tisch stand mein Schemel, auf welchen sich zum Abend, als die Dämmerung einbrach, die Ahne hinkniete und still betete. Mägde gingen leise durch das Haus und bereiteten ihre Festtagskleider vor, und die Mutter tat in einen großen Topf Fleischstücke, goss Wasser dazu und stellte sie zum Herdfeuer. Ich schlich in der Stube auf den Zehenspitzen herum und hörte nichts als das lustige Prasseln des Feuers in der Küche. Ich blickte auf meine Sonntagshöschen und auf das Jöpperl und auf das schwarze Filzhütlein, das schon an einem Nagel an der Wand hing, und dann blickte ich durch das Fenster in die hereinbrechende Dunkelheit hinaus. Wenn kein ungestümes Wetter eintrat, so durfte ich in der Nacht mit dem Großknecht in die Kirche gehen. Und das Wetter war ruhig, und es würde auch, wie der Vater sagte, nicht allzu kalt werden, weil auf den Bergen Nebel lag.

Unmittelbar vor dem „Rauchengehen", in welchem Haus und Hof nach alter Sitte mit Weihwasser und Weihrauch besegnet wird, hatten der Vater und die Mutter einen kleinen Streit. Die Mooswaberl war dagewesen, hatte glückselige Feiertage gewünscht, und die Mutter hatte ihr für den Festtag ein Stück Fleisch geschenkt. Darüber war der Vater etwas ungehalten; er war sonst ein Freund der Armen und gab ihnen nicht selten mehr, als unsere Verhältnisse erlauben wollten, aber der Mooswaberl sollte man seiner Meinung nach kein Almosen reichen. Die Mooswaberl war ein Weib, welches gar nicht in die Gegend gehörte, welches unbefugt in den Wäldern umherstrich, Moos und Wurzeln sammelte, in halbverfallenen Köhlerhütten Feuer machte und schlief. Daneben zog sie bettelnd zu den Bauernhöfen, wollte Moos verkaufen, und da sie keine Geschäfte machte, weinte sie und verfluchte das Leben. Kinder, die sie ansah, fürchteten sich entsetzlich vor ihr, und viele wurden gar krank; Kühen tat sie an, dass sie rote Milch gaben. Wer ihr eine Wohltat erwies, den verfolgte sie einige Minuten und sagte ihm: „Tausend und tausend Vergeltsgott bis in den Himmel hinauf." Wer sie aber verspottete oder sonst auf irgendeine Art beleidigte, zu dem sagte sie: „Ich bete dich hinab in die unterste Hölle!"

Die Mooswaberl kam oft zu unserem Haus und saß gern vor demselben auf dem grünen Rasen oder auf dem Querbrett des Zaunstiegels[1], trotz des heftigen Bellens und Rasselns unseres Kettenhundes, der sich gegen dieses Weib besonders unbändig zeigte. Aber die Mooswaberl saß so lange vor dem Haus, bis die Mutter ihr eine Schale Milch oder ein Stück Brot oder beides

1 Doppeltreppe zum Übersteigen eines Zauns

hinaustrug. Meine Mutter hatte es gern, wenn das Weib sie durch ein tausendfaches Vergeltsgott bis in den Himmel hinaufwünschte. Der Vater legte dem Wunsche dieser Person keinen Wert bei, ob es ein Segensspruch war oder ein Fluch. Als man draußen im Dorf vor Jahren das Schulhaus gebaut hatte, war dieses Weib mit ihrem Mann in die Gegend gekommen und hatte dabei geholfen, bis einst der Mann bei einer Steinsprengung getötet wurde. Seit dieser Zeit arbeitete sie nicht mehr, und sie zog auch nicht fort, sondern trieb sich umher, ohne dass man wusste, was sie tat und was sie wollte. Zum Arbeiten war sie nicht mehr zu bringen; sie schien geisteskrank zu sein. Der Richter hatte die Mooswaberl schon mehrmals aus der Gemeinde gewiesen, aber sie war im-

mer wieder zurückgekommen. „Sie würde nicht immer zurückgekommen sein", sagte mein Vater, „wenn sie in dieser Gegend nichts gebettelt bekäme. So wird sie hier verbleiben, und wenn sie alt und krank ist, müssen wir sie auch hegen und pflegen; das ist ein Kreuz, welches wir uns selbst an den Hals gebunden haben." Die Mutter sagte nichts zu solchen Worten, sondern sie gab der Mooswaberl, wenn sie kam, immer das gewohnte Almosen, und heute etwas mehr, zu Ehren des hohen Festes.
Darum also war der kleine Streit zwischen Vater und Mutter, der aber alsogleich verstummte, als zwei Knechte mit dem Rauch- und Weihwassergefäß in das Haus kamen. Nach dem Rauchen stellte der Vater ein Kerzenlicht auf den Tisch, Späne durften heute nur in der

Küche gebrannt werden. Das Nachtmahl wurde schon wieder in der Stube eingenommen. Der Großknecht erzählte während desselben wundersame Geschichten. Nach dem Abendmahl sang die Mutter ein Hirtenlied. So wonnevoll ich sonst diesen Liedern lauschte, heute dachte ich immer nur an den Kirchgang, und ich wollte durchaus schon das Sonntagskleidchen anziehen. Man sagte, es sei noch später Zeit dazu, aber endlich gab die Ahne meinem Drängen doch nach und zog mich an. Der Stallknecht kleidete sich sehr sorgsam in seinen Festtagsstaat, weil er nach dem Mitternachtsgottesdienst nicht nach Hause gehen, sondern im Dorf den Morgen abwarten wollte. Gegen neun Uhr waren auch die anderen Knechte und Mägde bereit und zündeten am Kerzenlicht eine Spanlunte an. Ich hielt mich an den Großknecht, und meine Eltern und meine Großmutter, welche daheim blieben, um das Haus zu hüten, besprengten mich mit Weihwasser und sagten, dass ich nicht fallen und nicht erfrieren möge.

Dann gingen wir. Es war sehr finster, und die Lunte, welche der Stallknecht vorantrug, warf ihr rotes Licht in einer großen Scheibe auf den Schnee und auf den Zaun und auf die Steinhaufen und Bäume, an denen wir vorüberkamen. Mir kam dieses rote Leuchten, das zudem noch durch die großen Schatten unserer Körper unterbrochen war, grauenhaft vor, und ich hielt mich sehr ängstlich an den Großknecht, so dass dieser einmal sagte: „Aber hörst, meine Joppe musst du mir lassen, was tät ich denn, wenn du mir sie abrissest?“

Der Pfad war eine Zeitlang sehr schmal, so dass wir hintereinander gehen mussten, wobei ich nur froh war, dass ich nicht der letzte war, denn ich bildete mir ein, dass dieser unendlichen Gefahren wegen der Gespenster ausgesetzt sein müsse. Eine schneidende Luft ging, und die glimmenden Splitter der Lunte flogen weithin, und selbst als sie auf die harte Schneekruste fielen, glommen sie noch eine Weile fort. Wir waren bisher über die Blößen und durch Gesträuch und Wälder abwärts gegangen, jetzt kamen wir zu einem Bach, den ich sehr gut kannte, er floss durch die Wiese, auf welcher wir im Sommer das Heu machten. Im Sommer rauschte dieser Bach sehr, aber heute hörte man ihn nur murmeln und gurgeln, weil er überfroren war. Auch an einer Mühle kamen wir vorüber, an welcher ich gar heftig erschrak, weil einige Funken auf das Dach flogen; aber auf dem Dach lag Schnee, und die Funken erloschen. Als wir eine Weile durch das Tal gegangen waren, verließen wir den Bach, und der Weg führte aufwärts durch einen finsteren Wald,

in welchem der Schnee sehr seicht lag und keine so feste Kruste hatte wie auf den Blößen. Endlich kamen wir zu einer breiten Straße, wo wir nebeneinander gehen konnten und wo wir dann und wann ein Schlittengeschelle hörten. Dem Stallknecht war die Lunte bereits bis zu der Hand herabgebrannt, und er zündete nun eine neue an, die er vorrätig hatte. Auf der Straße sah man nun auch mehrere andere Lichter, große rote Fackeln, die heranloderten, als schwämmen sie in der schwarzen Luft, und hinter denen nach und nach ein Gesicht und mehrere Gesichter auftauchten, von Kirchengehern, die sich nun auch zu uns gesellten. Und wir sahen Lichter von anderen Bergen und Höhen, die noch so weit entfernt waren, dass wir nicht erkennen konnten, ob sie standen oder sich bewegten. So gingen wir weiter. Der Schnee knirschte unter unseren Füßen, und wo ihn der Wind weggetragen hatte, da war der schwarze Fleck des nackten Bodens so hart, dass unsere Schuhe an ihm klangen. Die Leute sprachen und lachten viel, aber mir war, als sei das in der heiligen Christnacht gar nicht recht; ich dachte nur immer schon an die Kirche und wie das doch sein werde, wenn mitten in der Nacht Musik und ein Hochamt ist. Als wir eine lange Weile auf der Straße fortgegangen und an einzelnen Bäumen und an Häusern vorüber und dann wieder über Felder und durch einen Wald gekommen waren, hörte ich auf den Baumwipfeln plötzlich ein leises Klingen. Als ich horchen wollte, hörte ich es nicht, aber bald darauf hörte ich es wieder und deutlicher als das erstemal. Es war der Ton des kleinen Glöckleins vom Turm der Kirche. Die Lichter, die wir nun auf den Bergen und im Tal sahen, wurden immer häufiger, und nun merkten wir es auch, dass sie alle der Kirche zueilten. Auch die kleinen, ruhigen Sterne der Laternen schwebten heran, und auf der Straße wurde es immer lebhafter. Das kleine Glöcklein wurde durch ein größeres abgelöst, und das läutete so lange, bis wir fast nahe zur Kirche kamen. – Also war es doch wahr, wie die Ahne gesagt hatte: Um Mitternacht

fangen die Glocken zu läuten an und läuten so lange, bis aus den fernen Tälern der letzte Bewohner der Hütten zur Kirche kommt.
Die Kirche steht auf einem mit Birken und Tannen bewachsenen Hügel, und um sie liegt der kleine Friedhof, welcher mit einer niederen Mauer umgeben ist. Die wenigen Häuser stehen im Tal. Als die Leute an die Kirche gekommen waren, steckten sie ihre Lunten umgekehrt in den Schnee, dass sie erloschen, nur eine wurde zwischen zwei Steine der Friedhofsmauer geklemmt und brennen gelassen. Jetzt klang auf dem Turm in langsamem, gleichmäßigem Wiegen schon die große Glocke. Aus den schmalen, hohen Kirchenfenstern fiel heller Schein. Ich wollte in die Kirche, aber der Großknecht sagte, es habe noch Zeit, und blieb stehen und sprach und lachte mit anderen Burschen und stopfte sich eine Pfeife an. Endlich klangen alle Glocken zusammen, in der Kirche begann die Orgel zu tönen, und nun gingen wir hinein. Das sah ganz anders aus als an den Sonntagen. Die Lichter, die auf dem Altar brannten, waren hellweiße, funkelnde Sterne, und der vergoldete Tabernakel strahlte gar herrlich zurück. Die Ampel des Ewigen Lichtes war rot. Der obere Raum der Kirche war so dunkel, dass man die schönen Verzierungen des Schiffes nicht sehen konnte. Die dunklen Gestalten der Men-

schen saßen in den Stühlen oder standen neben denselben; die Weiber waren sehr in Tücher eingeschlagen und husteten. Viele hatten Kerzen vor sich brennen und sangen aus ihren Büchern mit, als auf dem Chor das Tedeum ertönte. Der Großknecht führte mich durch die zwei Reihen der Stühle gegen einen Nebenaltar, wo schon mehrere Leute standen. Dort hob er mich auf einen Schemel zu einem Glaskasten empor, der, von zwei Kerzen beleuchtet, zwischen zwei aufgesteckten Tannenwipfeln stand und den ich früher, wenn ich mit den Eltern in die Kirche kam, nie gesehen hatte. Als mich der Großknecht auf den Schemel gehoben hatte, sagte er mir leise ins Ohr: „So, jetzt kannst das Krippel anschauen.“ Dann ließ er mich stehen, und ich schaute durch das Glas. Da kam ein Weiblein zu mir herbei und sagte leise: „Ja, Kind, wenn du das anschauen willst, so muss dir's auch jemand auslegen.“ Und sie erklärte mir die kleinen Gestalten.

Ich sah die Dinge an. Außer der Mutter Maria, welche

über den Kopf ein blaues Tuch geschlagen hatte, das bis zu den Füßen hinabging, waren alle Gestalten, welche Menschen vorstellen sollten, so gekleidet wie unsere Knechte oder wie ältere Bauern. Der heilige Joseph selbst trug grüne Strümpfe und eine kurze Gamslederhose. Als das Tedeum zu Ende war, kam der Großknecht wieder, hob mich von dem Schemel, und wir setzten uns in einen Stuhl. Dann ging der Kirchenmann herum und zündete alle Kerzen an, die in der Kirche waren, und jeder Mensch, auch der Großknecht, zog nun ein Kerzlein aus dem Sack und zündete es an und klebte es vor sich auf das Pult. Jetzt war es so hell in der Kirche, dass man auch die vielen schönen Verzierungen an der Decke genau sehen konnte. Auf dem Chor stimmte man Geigen und Trompeten und Pauken, und als an der Sakristeitür das Glöcklein klang und der Pfarrer in funkelndem Messkleid, begleitet von Ministranten und rotbemäntelten Windlichtträgern, über den purpurroten Fußteppich zum Altare ging, da rauschte die Orgel in ihrem ganzen Vollklang, da wirbelten die Pauken und schmetterten die Trompeten. Weihrauch stieg auf und hüllte den ganzen lichterstrahlenden Hochaltar in einen Schleier. – So begann das Hochamt, und so strahlte und tönte und klang es um Mitternacht. Beim Offertorium waren alle Instrumente still, nur zwei helle Stimmen sangen ein liebliches Hirtenlied, und während des Benediktus jodelten eine Klarinette und zwei Flügelhörner langsam und leise den Wiegengesang. Während des Evangeliums und der Wandlung hörte man auf dem Chor den Kuckuck und die Nachtigall wie mitten im sonnigen Frühling. Tief nahm ich sie auf in meine Seele, die wunderbare Herrlichkeit der Christnacht, aber ich jauchzte nicht auf vor Entzücken, ich blieb ernst, ruhig, ich fühlte die Weihe. Aber während die Musik tönte, dachte ich an Vater und Mutter und Großmutter daheim. Die knien jetzt um den Tisch bei dem einzigen Kerzenlichtlein und beten, oder sie schlafen gar, und es ist finster in der Stube, und nur die Uhr geht, sonst ist es still, und es liegt eine tiefe Ruhe über den waldigen Bergen, und die Christnacht ist ausgebreitet über die ganze Welt.

Als endlich das Amt seinem Ende nahte, erloschen nach und nach die Kerzlein in den Stühlen, und der Kirchenmann ging wieder herum und dämpfte mit seinem Blechkäppchen an den Wän-

den und Bildern und Altären die Lichter aus. Die am Hochaltar brannten noch, als auf dem Chor der letzte freudenreiche Festmarsch erscholl und sich die Leute aus der weihrauchduftenden Kirche drängten. Als wir in das Freie kamen, war es trotz des dichten Nebels, der sich von den Bergen niedergesenkt hatte, nicht mehr ganz so finster wie vor Mitternacht. Es musste der Mond aufgegangen sein; man zündete keine Fackeln mehr an. Es schlug ein Uhr, aber der Schulmeister läutete schon die Betglocke zum Christmorgen. Ich warf noch einen Blick auf die Kirchenfenster; aller Festglanz war erloschen, ich sah nur mehr den matten, rötlichen Schimmer des Ewigen Lichtes.

Als ich mich dann wieder an den Rock des Großknechtes halten wollte, war der Knecht nicht mehr da, einige fremde Leute waren um mich, die miteinander sprachen und sich sofort auf den Heimweg machten. Mein Begleiter musste schon voraus sein; ich eilte ihm nach, lief schnell und an mehreren Leuten vorüber, auf dass ich ihn bald einhole. Ich lief, so sehr es meine kleinen Füße konnten, ich kam durch den finsteren Wald, und ich kam über Felder, über welche scharfer Wind blies, so dass ich, wie warm mir sonst war, von Nase und Ohren fast nichts mehr fühlte. Ich kam an Häusern und Baumgruppen vorüber, die Leute, die früher noch auf der

Straße gegangen waren, verloren sich nach und nach, und ich war allein, und den Großknecht hatte ich noch immer nicht erreicht. Ich dachte, dass er auch hinter mir sein könne, doch ich beschloss, geradewegs nach Hause zu eilen. Auf der Straße lagen hie und da schwarze Punkte: die Kohlen der Spanfackeln, welche die Leute auf dem Kirchweg abgeschüttelt hatten. Die Gesträuche und Bäumchen, die neben dem Weg standen und unheimlich aus dem Nebel emportauchten, beschloss ich gar nicht anzusehen, ich fürchtete mich davor. Besonders in Angst war ich, sooft ein Pfad quer über die Straße ging, weil das ein Kreuzweg war, an dem in der Christnacht gern der Böse steht und klingende Schätze bei sich hat, um arme Menschenkinder dadurch mit sich zu locken. Der Stallknecht hatte zwar gesagt, er glaube nicht daran, aber geben musste es denn doch dergleichen Dinge, sonst könnten die Leute nicht so viel davon sprechen. – Ich war aufgeregt, ich wendete meine Augen nach allen Seiten, ob nicht irgendwo ein Gespenst auf mich zukomme. Endlich nahm ich mir vor, gar nicht mehr an solches Zeug zu denken, aber je fester ich das beschloss, desto mehr dachte ich daran.

Nun war ich zum Pfad gekommen, der mich von der Straße abwärts durch den Wald und in das Tal führen sollte. Ich bog ab und eilte unter den langästigen Bäu-

men dahin. Die Wipfel rauschten stark, und dann und wann fiel ein Schneeklumpen neben mir nieder. Stellenweise war es auch so finster, dass ich kaum die Stämme sah, wenn ich nicht an dieselben stieß, und dass ich den Pfad verlor. Letzteres war mir ziemlich gleichgültig, denn der Schnee war sehr seicht, auch war anfangs der Boden hübsch glatt; aber allmählich begann er steil und steiler zu werden, und unter dem Schnee war viel Gestrüpp und hohes Heidekraut. Die Baumstämme standen nicht mehr so regelmäßig, sondern zerstreut, manche schief hängend, manche mit aufgerissenen Wurzeln an anderen lehnend, manche mit wild und wirr aufragenden Ästen am Boden liegend. Das hatte ich nicht gesehen, als wir aufwärts gingen. Ich konnte oft kaum weiter, ich musste mich durch das Gesträuch und Geäst durchwinden. Oft brach der Schnee ein, das steife Heidekraut reichte mir bis zur Brust heran. Ich sah ein, dass ich den rechten Weg verloren hatte, aber war ich nur erst im Tal und beim Bach, dann ging ich diesen entlang aufwärts, und da musste ich endlich doch zur Mühle und zu unserer Wiese kommen.

Schneeschollen fielen mir in das Rocksäcklein, Schnee

legte sich an die Höschen und Strümpfe, und das Wasser rann mir in die Schuhe hinab. Zuerst war ich durch das Klettern über das Gefälle und das Kriechen im Gesträuch müde geworden, aber nun war auch die Müdigkeit verschwunden; ich achtete nicht den Schnee, und ich achtete nicht das Heidekraut und Gesträuch, das mir oft rau über das Gesicht fuhr, sondern ich eilte weiter. Oft fiel ich zu Boden, aber ich raffte mich schnell auf. Auch alle Gespensterfurcht war weg; ich dachte an nichts als an das Tal und an unser Haus. Ich wusste nicht, wie lange ich mich so durch die Wildnis fortwand, aber ich fühlte mich kräftig und behendig, die Angst trieb mich vorwärts. Plötzlich stand ich vor einem Abgrund. In dem Abgrund lag grauer Nebel, aus welchem einzelne Baumwipfel emportauchten. Um mich hatte sich der Wald gelichtet, über mir war es heiter, und am Himmel stand der Halbmond. Mir gegenüber und weiter im Hintergrund waren nichts als seltsame, kegelförmige Berge. Unten in der Tiefe musste das Tal mit der Mühle sein; mir war, als hörte ich das Tosen des Baches, aber es war das Rauschen des Windes in den jenseitigen Wäldern. Ich ging rechts und links und suchte einen Fußsteig, der mich abwärts führte, und ich fand eine Stelle, an welcher ich mich durch Geröll, welches vom Schnee befreit dalag, und durch Wacholdergesträuche hinablassen zu können vermeinte. Das gelang mir auch eine Strecke, doch noch zur rechten Zeit hielt ich mich an eine Wurzel, fast wäre ich über eine senkrechte Wand gestürzt. Nun konnte ich nicht mehr vorwärts. Ich ließ mich aus Mattigkeit zu Boden. In der Tiefe lag der Nebel mit den schwarzen Baumwipfeln. Außer dem Rauschen des Windes in den Wäldern hörte ich nichts. Ich wusste nicht, wo ich war. – Wenn jetzt ein Reh käme, ich würde es fragen nach dem Weg, vielleicht könnte es ihn mir weisen, in der Christnacht reden ja Tiere menschliche Sprache!

Ich erhob mich, um wieder aufwärts zu klettern; ich machte das Geröll locker und kam nicht vorwärts. Mich schmerzten Hände und Füße. Nun stand ich still und rief, so laut ich konnte, nach dem Großknecht. Meine Stimme fiel von den Wäldern und Wänden langgezogen und undeutlich zurück. Dann hörte ich wieder nichts als das Rauschen des Windes. Der Frost schnitt mir in die Glieder. Nochmals rief ich mit aller Macht den Namen des Großknechtes. Wieder nichts als der langgezogene Widerhall. Nun überkam mich eine fürchterliche Angst. Ich rief schnell hintereinander meine Eltern, meine Ahne, alle Knechte und Mägde unseres Hauses. Es war vergebens. Nun begann ich kläglich zu weinen. Bebend stand ich da, und mein Körper warf einen langen Schat-

ten schräg abwärts über das nackte Gestein. Ich ging an der Wand hin und her, um mich etwas zu erwärmen, ich betete laut zum heiligen Christkind, dass es mich erlöse.
Der Mond stand hoch am dunklen Himmel. Ich konnte nicht mehr weinen und beten, ich konnte mich auch kaum mehr bewegen, ich kauerte mich zitternd an einen Stein und dachte: Nun will ich schlafen, das ist alles nur ein Traum, und wenn ich erwache, bin ich daheim oder im Himmel.
Da hörte ich plötzlich ein Knistern über mir im Wacholdergesträuch, und bald darauf fühlte ich, wie mich etwas berührte und emporhob. Ich wollte schreien, aber ich konnte nicht, die Stimme war wie eingefroren. Aus Furcht und Angst hielt ich die Augen fest geschlossen. Auch Hände und Füße waren mir wie gelähmt, ich konnte sie nicht bewegen. Mir war warm, und mir kam vor, als ob sich das ganze Gebirge mit mir wiegte.
Als ich zu mir kam und erwachte, war noch Nacht, aber ich stand an der Tür meines Vaterhauses, und der Kettenhund bellte heftig. Eine Gestalt hatte mich auf den festgetretenen Schnee gleiten lassen, pochte dann mit dem

Ellbogen gewaltig an die Tür und eilte davon. Ich hatte diese Gestalt erkannt – es war die Mooswaberl gewesen. Die Tür ging auf, und die Ahne stürzte mit den Worten auf mich zu: „Jesus Christus, da ist er ja!“ Sie trug mich in die warme Stube, aber von dieser schnell wieder zurück in das Vorhaus; dort setzte sie mich auf einen Trog, eilte dann hinaus vor die Tür und machte durchdringliche Pfiffe. Sie war ganz allein zu Hause. Als der Großknecht von der Kirche zurückgekommen war und mich daheim nicht gefunden hatte, und als auch die anderen Leute kamen und ich bei keinem war, gingen sie alle hinab in den Wald und in das Tal und jenseits hinauf zur Straße und nach allen Richtungen. Selbst die Mutter war mitgegangen und hatte überall, wo sie ging und stand, meinen Namen gerufen. Nachdem die Ahne glaubte, dass es mir nicht mehr schädlich sein konnte, trug sie mich wieder in die warme Stube, und als sie mir die Schuhe und Strümpfe auszog, waren diese ganz zusammen- und fast an die Füße gefroren. Hierauf eilte sie nochmals ins Freie und machte wieder ein paar Pfiffe und brachte dann in einem Kübel Schnee herein und stellte mich mit bloßen Füßen in diesen Schnee. Als ich in dem Schnee stand, fühlte ich in den Zehen einen so heftigen Schmerz, dass ich stöhnte, aber die Ahne sagte: „Das ist schon gut, wenn du Schmerz hast, dann sind dir die Füße nicht erfroren." Bald darauf strahlte die Morgenröte durch das Fenster, und nun kamen nach und nach die Leute nach Hause, zuletzt aber der Vater, und zuallerletzt, als schon die rote Sonnenscheibe über der Wechselalpe aufging und als die Ahne unzählige Male gepfiffen hatte, kam die Mutter. Sie ging an mein Bettlein, in welches ich gebracht worden war und an welchem der Vater saß. Sie war ganz heiser. Sie sagte, dass ich nun schlafen sollte, und verdeckte das Fenster mit einem Tuch, auf dass mir die Sonne nicht in das Gesicht scheine. Aber der Vater meinte, ich solle noch nicht schlafen, er wolle wissen, wie ich mich von dem Knecht entfernt habe, ohne dass er es merkte, und wo ich herumgelaufen sei? Ich erzählte sofort, wie ich den Pfad verloren hatte, wie ich in die Wildnis kam, und als ich von dem Mond und von den schwarzen Wäldern und von dem Windrauschen und von dem Felsenabgrund erzählte, da sagte der Vater halblaut zu meiner Mutter: „Weib, sagen wir Gott Lob und Dank, dass er da ist, er ist auf der Trollwand gewesen!" Nach diesen Worten gab mir die Mutter einen Kuss auf die Wangen, wie sie nur selten tat, und dann hielt sie ihre Schürze vor das Gesicht und ging davon. „Ja, du Donnersbub, und wie bist denn heimkommen?", fragte mich der Vater. Darauf sagte ich, dass ich das nicht wisse, dass ich nach langem Schlafen und Wiegen auf einmal vor der Haustür gewesen und dass die Mooswaberl neben mir gestanden. Der Vater fragte mich noch einmal über diesen Umstand, aber ich antwortete, dass ich nichts Genaueres darüber sagen könne. Nun sagte der Vater, dass er in die Kirche zum Hochgottesdienst gehe, weil heute der Christtag sei, und dass ich schlafen solle. Ich muss darauf viele Stunden geschlafen haben, denn als ich erwachte, war draußen Dämmerung, und in der Stube war es fast finster. Neben meinem Bett saß die Ahne und nickte, von der Küche herein hörte ich das Prasseln des Herdfeuers. Später, als die Leute beim Abendmahl saßen, war auch die Mooswaberl am Tisch. Auf dem Kirchhof, über dem Grabhügel ihres Mannes, war sie während des Vormittagsgottesdienstes gekauert, da trat nach dem Hochamt mein Vater zu ihr hin und nahm sie mit in unser Haus. Über die nächtliche Begebenheit brachte man nicht mehr von ihr heraus, als dass sie im Wald das Christkind gesucht habe; dann ging sie einmal zu meinem Bett und sah mich an, und ich fürchtete mich vor ihren Blicken. In dem hinteren Geschoss unseres Hauses war eine Kammer, in welcher nur altes, unbrauchbares Gerät und viel Spinngewebe war. Diese Kammer gab mein Vater der Mooswaberl zur Wohnung und stellte ihr einen Ofen und ein Bett und einen Tisch hinein. Und sie blieb bei uns. Oft strich sie noch in den Wäldern umher und brachte Moos heim, dann ging sie wieder hinaus zur Kirche und saß stundenlang auf dem Grabhügel ihres Mannes, von dem sie nicht mehr fortzuziehen vermochte in ihre ferne Gegend, in der sie wohl auch einsam und heimatlos gewesen wäre wie überall. Über ihre Verhältnisse war nichts Näheres zu erfahren, wir vermuteten, dass das Weib einst glücklich und sicher bei voller Vernunft gewesen war und dass der Schmerz über den Verlust des Gatten ihr den Verstand geraubt hatte. Wir hatten sie alle lieb, weil sie ruhig und mit allem zufrieden lebte und niemandem das geringste Leid zufügte. Nur der Kettenhund wollte sie immer noch nicht sichern, der bellte und zerrte überaus heftig an der Kette, sooft sie über den Anger ging. Aber das war von dem Tiere anders gemeint; als einmal die Kette riss, stürzte der Hund auf das Weib zu, sprang ihm winselnd an die Brust und leckte ihm die Wangen.

Da kam einmal in den Spätherbsttagen, an welchen die Mooswaberl fast ununterbrochen auf dem Grabhügel saß, eine Zeit, in welcher unser Kettenhund, statt lustig zu bellen, stundenlang heulte, so dass meine Ahne,

die indes schon mühselig geworden war, sagte: „Schau, jetzt wird in unserer Gegend herum bald einmal wer sterben, weil der Hund gar so heent[2]; tröste ihn Gott!“ Und nach kurzer Zeit wurde die Mooswaberl krank, und als die Winterszeit gekommen war, starb sie. In ihren letzten Augenblicken hielt sie noch meinen Vater und meine Mutter an der Hand und sprach die Worte: „Vergelt's euch Gott zu tausend- und zu tausendmal, bis in den Himmel hinauf!“

2 jammert, jault

Ums Vaterwort

Ich habe im Grunde keine schlechte Erziehung genossen, sondern vielmehr gar keine. War ich ein braves, frommes, folgsames, anstelliges Kind, so lobten mich meine Eltern; war ich das Gegenteil, so zankten sie mich derb aus. Das Lob tat mir fast allezeit wohl, und ich hatte dabei das Gefühl, als ob ich in die Länge ginge, weil manche Kinder wie Pflanzen sind, die nur bei Sonnenschein schlank wachsen.

Nun war mein Vater aber der Ansicht, dass ich nicht allein in die Länge, sondern auch in die Breite wachsen müsse, und dafür sei der Ernst und die Strenge gut. Meine Mutter hatte nichts als Liebe. Mein Vater mochte derselben Artung sein, allein er verstand es nicht, seiner Wärme und Liebe Ausdruck zu geben; bei all seiner Milde hatte der mit Arbeit und Sorgen beladene Mann ein stilles, ernstes Wesen; seinen reichen Humor ließ er vor mir erst später spielen, als er vermuten konnte, dass ich genug Mensch geworden sei, um denselben aufzunehmen. In den Jahren, da ich das erste Dutzend Hosen zerriss, gab er sich nicht just viel mit mir ab, außer wenn ich etwas Unbraves angestellt hatte; in diesem Falle ließ er seine Strenge walten. Seine Strenge und meine Strafe bestand gewöhnlich darin, dass er vor mich hintrat und mir mit schallenden, zornigen Worten meinen Fehler vorhielt und die Strafe andeutete, die ich verdient hätte. Ich hatte mich beim Ausbruch der Erregung allemal vor den Vater hingestellt, war mit niederhängenden Armen wie versteinert vor ihm stehengeblieben und hatte ihm während des heftigen Verweises unverwandt in sein zorniges Angesicht geschaut. Ich bereute in meinem Innern den Fehler stets, ich hatte das deutliche Gefühl der Schuld, aber ich erinnere mich auch an eine andere Empfindung, die mich bei solchen Strafpredigten überkam: es war ein eigenartiges Zittern in mir, ein Reiz- und Lustgefühl, wenn das Donnerwetter so recht auf mich niederging. Es kamen mir die Tränen in die Augen, sie rieselten mir über die Wangen, aber ich stand wie ein Bäumlein, schaute den Vater an und hatte ein unerklärliches Wohlgefühl, das in dem Maße wuchs, je länger und je ausdrucksvoller mein Vater vor mir wetterte. Wenn hierauf Wochen vorbeigingen,

ohne dass ich etwas heraufbeschwor, und mein Vater immer gütig und still an mir vorüberschritt, begann in mir allmählich wieder der Drang zu erwachen und zu reifen, etwas anzustellen, was den Vater in Wut bringe. Das geschah nicht, um ihn zu ärgern, denn ich hatte ihn überaus lieb; es geschah gewiss nicht aus Bosheit, sondern aus einem anderen Grunde, dessen ich mir damals nicht bewusst war.

Da war es einmal am heiligen Christabend. Der Vater hatte den Sommer zuvor in Mariazell ein schwarzes Kruzifix gekauft, an welchem ein aus Blei gegossener Christus und die aus demselben Material gebildeten Marterwerkzeuge hingen. Dieses Heiligtum war in Verwahrung geblieben bis auf den Christabend, an welchem es mein Vater aus seinem Gewandkasten hervornahm und auf das Hausaltärchen stellte. Ich nahm die Stunde wahr, da meine Eltern und die übrigen Leute noch draußen in den Wirtschaftsgebäuden und in der Küche zu schaffen hatten, um das hohe Fest vorzubereiten, ich nahm das Kruzifixlein mit Gefahr meiner geraden Glieder von der Wand, hockte mich damit in den Ofenwinkel und begann es zu zerlegen. Es war mir eine ganz seltsame Lust, als ich mit meinem Taschenfeitel zuerst die Leiter, dann die Zange und den Hammer, hernach den Hahn des Petrus und zuletzt den lieben Christus vom Kreuz löste. Die Teile kamen mir nun getrennt viel interessanter vor als früher im Ganzen; doch jetzt, da ich fertig war und die Dinge wieder zusammensetzen wollte, aber nicht konnte, fühlte ich in der Brust eine Hitze aufsteigen, auch meinte ich, es würde mir der Hals zugebunden. Wenn's nur beim Ausschelten bleibt diesmal ...? – Zwar sagte ich mir: Das schwarze Kreuz ist jetzt schöner als früher; in der Hohenwanger Kapelle steht auch ein schwarzes Kreuz, wo nichts daran ist, und gehen doch die Leute hin, zu beten. Und wer braucht zu Weihnachten einen gekreuzigten Herrgott? Da muss er in der Krippe liegen, sagt der Pfarrer. Und das will ich machen. Ich bog dem

bleiernen Christus die Beine krumm und die Arme über die Brust und legte ihn in das Nähkörbchen der Mutter und stellte so mein Kripplein auf den Hausaltar, während ich das Kreuz in dem Stroh des Elternbettes verbarg, nicht bedenkend, dass das Körbchen die Kreuzabnahme verraten müsse. Das Geschick erfüllte sich bald. Die Mutter bemerkte es zuerst, wie närrisch doch heute der Nähkorb zu den Heiligenbildern hinaufkäme! „Wem ist denn das Kruzifixlein da oben im Weg gewesen?“, fragte gleichzeitig mein Vater.

Ich stand etwas abseits, und mir war zumute wie einem Durstigen, der jetzt starken Myrrhenwein zu trinken kriegen sollte. Indes mahnte mich eine absonderliche Beklemmung, jetzt womöglich noch weiter in den Hin-

tergrund zu treten. Mein Vater ging auf mich zu und fragte fast bescheidentlich, ob ich nicht wisse, wo das Kreuz hingekommen sei? Da stellte ich mich schon kerzengerade vor ihn hin und schaute ihm ins Gesicht. Er wiederholte seine Frage, ich wies mit der Hand gegen das Bettstroh, es kamen die Tränen, aber ich glaube, dass ich keinen Mundwinkel verzogen habe. Der Vater suchte das Verborgene hervor und war nicht zornig, nur überrascht, als er die Misshandlung des Heiligtums sah. Mein Verlangen nach dem Myrrhenwein steigerte sich. Der Vater stellte das kahle Kruzifixlein auf den Tisch. „Nun sehe ich wohl", sagte er mit aller Gelassenheit und langte seinen Hut vom Nagel, „nun sehe ich wohl, er muss endlich rechtschaffen gestraft werden. Wenn einmal der Christi Herrgott nicht sicher ist ...! Bleib mir in der Stuben, Bub!", fuhr er mich finster an und ging dann zur Tür hinaus.

„Spring ihm nach und schau zum Bitten!", rief mir die Mutter zu, „er geht Birkenruten abschneiden." Ich war wie an den Boden geschmiedet. Grässlich klar sah ich, was nun über mich kommen würde, aber ich war außerstande, auch nur einen Schritt zur Abwehr zu machen. Die Mutter ging ihrer Arbeit nach, in der abendlich dunklen Stube stand ich allein, und vor mir auf dem Tisch lag das verstümmelte Kruzifix. Heftig erschrak ich vor jedem Geräusch. Im alten Uhrkasten, der dort an der Wand bis zum Fußboden niederging, rasselte das Gewicht der Schwarzwälder Uhr, welche die fünfte Stunde schlug. Endlich hörte ich draußen auch das Schneeabklopfen von den Schuhen, es waren des Vaters Tritte. Als er mit dem Birkenzweig in die Stube trat, war ich verschwunden.

Er ging in die Küche und fragte mit wild herausgestoßener Stimme, wo der Bub sei? Es begann im Hause ein Suchen, in der Stube wurden das Bett und die Winkel und das Gesiedel durchstöbert, in der Nebenkammer, im Oberboden hörte ich sie herumgehen, ich hörte die Befehle, man möge in den Ställen die Futterkrippen und in den Scheunen Heu und Stroh durchforschen, man möge auch in den Schachen[3] hinausgehen und den Buben nur stracks vor den Vater bringen – diesen Christabend solle er sich für sein Lebtag merken! Aber sie kehrten unverrichteter Dinge zurück. Zwei Knechte wurden nun in die Nachbarschaft geschickt, aber meine Mutter rief, wenn ich etwa zu einem Nachbarn über Feld und Wald gegangen sei, so müsse ich ja erfrieren, es

3 Kleines Waldstück

seien mein Jöpplein und mein Hut in der Stube. Das sei doch ein rechtes Elend mit den Kindern.

Sie gingen davon, das Haus wurde fast leer, und in der finsteren Stube sah man nichts mehr als die grauen Vierecke der Fenster. Ich stak im Uhrkasten und konnte durch die Fugen desselben hervorgucken. Durch das Türchen, welches für das Aufziehen des Uhrwerkes angebracht war, hatte ich mich hineingezwängt und innerhalb des Verschlages hinabgelassen, so dass ich nun im Uhrkasten ganz aufrecht stand. Was ich in diesem Versteck für Angst ausgestanden habe! Dass es kein gutes Ende nehmen konnte, sah ich voraus, und dass die von Stunde zu Stunde wachsende Aufregung das Ende von Stunde zu Stunde gefährlicher machen musste, war mir auch klar. Ich verwünschte den Nähkorb, der mich anfangs verraten hatte, ich verwünschte das Kruzifixlein – meinen Leichtsinn zu verwünschen, darauf vergaß ich. Es gingen Stunden hin, ich blieb in meinem aufrechtstehenden Sarg, und schon saß mir der Eisenzapfen des Uhrgewichtes auf dem Scheitel, und ich musste mich womöglich niederducken, sollte das Stehenbleiben der Uhr nicht Anlass zum Aufziehen derselben und somit zu meiner Entdeckung geben. Denn endlich waren meine Eltern in die Stube gekommen, hatten Licht gemacht und meinetwegen einen Streit begonnen.

„Ich weiß nirgends mehr zu suchen“, hatte mein Vater gesagt und war erschöpft auf einen Stuhl gesunken.

„Wenn er sich im Wald vergangen hat oder unter dem Schnee liegt!“, rief die Mutter und erhob ein lautes Weinen.

„Sei still davon!“, sagte der Vater, „ich mag's nicht hören.“

„Du magst es nicht hören und hast ihn mit deiner Herbheit selber vertrieben.“

„Mit diesem Zweiglein hätte ich ihm kein Bein abgeschlagen“, versetzte er und ließ die Birkenrute auf den Tisch niederpfeifen. „Aber jetzt, wenn ich ihn erwisch, schlag ich einen Zaunstecken an ihm entzwei.“

„Tu es, tu es – 'leicht tut's ihm nicht mehr weh“, sagte die Mutter und setzte das Weinen fort. „Meinst, du hättest deine Kinder nur zum Zornauslassen? Da hat der lieb Herrgott ganz recht, wenn er sie

beizeiten wieder zu sich nimmt! Kinder muss man liebhaben, wenn etwas aus ihnen werden soll."

Hierauf er: „Wer sagt denn, dass ich ihn nicht liebhab? Ins Herz hinein, Gott weiß es! Aber sagen kann ich ihm's nicht. Ihm tut's nicht so weh als mir, wenn ich ihn strafen muss, das weiß ich!"

„Ich geh noch einmal suchen!", sagte die Mutter.

„Ich will auch nicht dableiben!", sagte er.

„Du musst mir einen warmen Löffel Suppe essen! 's ist Nachtmahlzeit", sagte sie.

„Ich mag jetzt nichts essen! Ich weiß mir keinen andern Rat", sagte der Vater, kniete zum Tisch hin und begann still zu beten.

Die Mutter ging in die Küche, um zur neuen Suche meine warmen Kleider zusammenzutragen für den Fall, dass man mich irgendwo halberfroren finde. In der Stube war es wieder still, und mir in meinem Uhrkasten war's, als müsse mir vor Leid und Pein das Herz brechen. Plötzlich begann mein Vater aus seinem Gebete krampfhaft aufzuschluchzen. Sein Haupt fiel nieder auf den Arm, und die ganze Gestalt bebte. Ich tat einen lauten Schrei. Nach wenigen Sekunden war ich von Vater und Mutter aus dem Gehäuse befreit, lag zu Füßen des Vaters und umklammerte wimmernd seine Knie. „Mein Vater, mein Vater!", das waren die einzigen Worte, die

ich stammeln konnte. Er langte mit seinen beiden Armen nieder und hob mich auf zu seiner Brust, und mein Haar ward feucht von seinen Zähren.[4]
Mir ist in jenem Augenblick die Erkenntnis aufgegangen. Ich sah, wie abscheulich es sei, diesen Vater zu reizen und zu beleidigen. Aber ich fand nun auch, warum ich es getan hatte. Aus Sehnsucht, das Vaterantlitz vor mir zu sehen, ihm ins Auge schauen zu können und seine zu mir sprechende Stimme zu hören. Sollte er schon nicht mit mir heiter sein, so wie es andere Leute waren und wie er es damals, von Sorgen belastet, so selten gewesen, so wollte ich wenigstens sein zorniges Auge sehen, sein herbes Wort hören; es durchrieselte mich mit süßer Gewalt, es zog mich zu ihm hin. Es war das Vaterauge, das Vaterwort. Kein böser Ruf mehr ist in die heilige Christnacht geklungen, und von diesem Tage an ist vieles anders worden. Mein Vater war seiner Liebe zu mir und meiner Anhänglichkeit an ihn innegeworden und hat mir in Spiel, Arbeit und Erholung wohl viele Stunden sein liebes Angesicht, sein treues Wort geschenkt, ohne dass ich noch einmal nötig gehabt hätte, es mit Bosheit erschleichen zu müssen.

---

4 Tränen

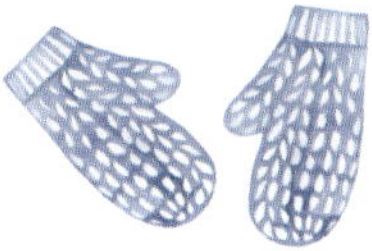

Als ich die Christtags-freude holen ging

In meinem zwölften Lebensjahre wird es gewesen sein, als am Frühmorgen des Christabends mein Vater mich an der Schulter rüttelte: ich solle aufwachen und zur Besinnung kommen, er habe mir was zu sagen. Die Augen waren bald offen, aber die Besinnung! Als ich unter Mithilfe der Mutter angezogen war und bei der Frühsuppe saß, verlor sich die Schlaftrunkenheit allmählich, und nun sprach mein Vater: „Peter, jetzt höre, was ich dir sage. Da nimm einen leeren Sack, denn du wirst was heimtragen. Da nimm meinen Stecken, denn es ist viel Schnee, und da nimm eine Laterne, denn der Pfad ist schlecht und die Stege sind vereist. Du musst hinabgehen nach Langenwang. Den Holzhändler Spreitzegger zu Langenwang, den kennst du, der ist mir noch immer das Geld schuldig, zwei Gulden und sechsunddreißig Kreuzer für den Lärchbaum. Ich lass ihn bitten drum;

schön höflich anklopfen und den Hut abnehmen, wenn du in sein Zimmer trittst. Mit dem Geld gehest nachher zum Kaufmann Doppelreiter und kaufest zwei Maßel Semmelmehl und zwei Pfund Rindschmalz, und um zwei Groschen Salz, und das tragst heim."

Jetzt war aber auch meine Mutter zugegen, ebenfalls schon angekleidet, während meine sechs jüngeren Geschwister noch ringsum an der Wand in ihren Bettchen schliefen.

Die Mutter, die redete drein wie folgt: „Mit Mehl und Schmalz und Salz allein kann ich kein Christtagsessen richten. Ich brauch dazu noch Germ[5] um einen Groschen, Weinbeerln um fünf Kreuzer, Zucker um fünf Groschen, Safran um zwei Groschen und Neugewürz um zwei Kreuzer. Etliche Semmeln werden auch müssen sein."

„So kaufest es", setzte der Vater ruhig bei. „Und wenn dir das Geld zu wenig wird, so bittest den Herrn Doppelreiter, er möcht' die Sachen derweil borgen und zu Ostern, wenn die Kohlenraitung[6] ist, wollt' ich schon

---

5 Hefe

6 Abrechnung über gelieferte Kohle

fleißig zahlen. Eine Semmel kannst unterwegs selber essen, weil du vor Abend nicht heimkommst. Und jetzt kannst gehen, es wird schon fünf Uhr, und dass du noch die Achte-Messe erlangst zu Langenwang."

Das war alles gut und recht. Den Sack band mein Vater mir um die Mitte, den Stecken nahm ich in die rechte Hand, die Laterne mit der frischen Unschlittkerze in die linke, und so ging ich davon, wie ich zu jener Zeit in Wintertagen oft davongegangen war. Der durch wenige Fußgeher ausgetretene Pfad war holperig im tiefen Schnee, und es ist nicht immer leicht, nach den Fußstapfen unserer Vorderen zu wandeln, wenn diese zu lange Beine gehabt haben. Noch nicht dreihundert Schritte war ich gegangen, so lag ich im Schnee, und die Laterne, hingeschleudert, war ausgelöscht. Ich suchte mich langsam zusammen und dann schaute ich die wunderschöne Nacht an. Anfangs war sie ganz grausam finster, allmählich hub der Schnee an, weiß zu werden und die Bäume schwarz und in der Höhe war helles Sternengefunkel. In den Schnee fallen kann man auch ohne Laterne, so stellte ich sie seithin unter einen Strauch und ohne Licht ging's nun besser, als vorhin.

In die Talschlucht kam ich hinab, das Wasser des Fresenbachs war eingedeckt mit glattem Eise, auf welchem, als ich über den Steg ging, die Sterne des Himmels gleichsam Schlittschuh liefen. Später war ein Berg zu übersteigen; auf dem Passe, genannt der „Höllkogel", stieß ich zur wegsamen Bezirksstraße, die durch Wald und Wald hinabführt in das Mürztal. In diesem lag ein weites Meer von Nebel, in welches ich sachte hineinkam, und die feuchte Luft fing an, einen Geruch zu haben, sie roch nach Steinkohlen; und die Luft fing an, fernen Lärm an mein Ohr zu tragen, denn im Tale hämmerten die Eisenwerke, rollte manchmal ein Eisenbahnzug über dröhnende Brücken.

Nach langer Wanderung ins Tal gekommen zur Landstraße, klingelte Schlittengeschelle, der Nebel ward grau und lichter, so dass ich die Fuhrwerke und Wandersleute, die für die Feiertage nach ihren Heimstätten reisten, schon auf kleine Strecken weit sehen konnte. Nachdem ich eine Stunde lang im Tale fortgegangen war, tauchte links an der Straße im Nebel ein dunkler Fleck auf, rechts auch einer, links mehrere, rechts eine ganze Reihe – das Dorf Langenwang.

Alles, was Zeit hatte, ging der Kirche zu, denn der Heilige Abend ist voller Vorahnung und Gottesweihe. Bevor noch die Messe anfing, schritt der hagere gebückte Schulmeister durch die

Kirche, musterte die Andächtigen, als ob er jemanden suche. Endlich trat er an mich und fragte leise, ob ich ihm nicht die Orgel melken wolle, es sei der Messnerbub krank. Voll Stolz und Freude, also zum Dienste des Herrn gewürdigt zu sein, ging ich mit ihm auf den Chor, um bei der heiligen Messe den Blasebalg der Orgel zu ziehen. Während ich die zwei langen Lederriemen abwechselnd aus dem Kasten zog, in welchen jeder derselben allemal wieder langsam hineinkroch, orgelte der Schulmeister, und seine Tochter sang also:

„Tauet, Himmel, den Gerechten.
Wolken, regnet ihn herab!
Also rief in bangen Nächten
Einst die Welt, ein weites Grab.
In von Gott verhassten Gründen
Herrschten Satan, Tod und Sünden,
Fest verschlossen war das Tor
Zu dem Himmelreich empor."

Ferner erinnere ich mich, an jenem Morgen nach dem Gottesdienste in der dämmerigen Kirche vor ein Heiligenbild hingekniet zu sein und gebetet zu haben um Glück und Segen zur Erfüllung meiner bevorstehenden Aufgabe. Das Bild stellte die vierzehn Nothelfer dar –

einer wird doch dabei sein, der zur Eintreibung von Schulden behilflich ist. Es schien mir aber, als schiebe während meines Gebetes auf dem Bilde einer sich sachte hinter den andern zurück.

Trotzdem ging ich guten Mutes hinaus in den nebeligen Tag, wo alles emsig war in der Vorbereitung zum Feste, und ging dem Hause des Holzhändlers Spreitzegger zu. Als ich daran war, zur vorderen Tür hineinzugehen, wollte der alte Spreitzegger, soviel ich mir später reimte, durch die hintere Tür entwischen. Es wäre ihm gelungen, wenn mir nicht im Augenblicke geschwant hätte: Peter, geh' nicht zur vorderen Tür ins Haus wie ein Herr, sei demütig, geh' zur hinteren Tür hinein, wie es dem Waldbauernbuben geziemt. Und knapp an der hinteren Türe trafen wir uns. „Ah, Bübel, du willst dich wärmen gehen", sagte er mit geschmeidiger Stimme, und deutete ins Haus, „na geh' dich nur wärmen. Ist kalt heut'!" Und wollte davon.

„Mir ist nicht kalt", antwortete ich, „aber mein Vater lasst den Spreitzegger schön grüßen und bitten ums Geld."

„Ums Geld? Wieso?", fragte er, „ja richtig, du bist der Waldbauernbub. Bist früh aufgestanden heut', wenn du schon den weiten Weg kommst. Rast nur ab. Und ich lass deinen Vater auch schön grüßen und glückliche Feiertage wünschen; ich komm' ohnehin ehzeit einmal zu euch hinauf, nachher wollen wir schon gleich werden."

Fast verschlug's mir die Rede, stand doch unser ganzes Weihnachtsmahl in Gefahr vor solchem Bescheid.
„Bitt wohl von Herzen schön ums Geld, muss Mehl kaufen und Schmalz und Salz und ich darf nicht heimkommen mit leerem Sack."
Er schaute mich starr an. „Du kannst es!", brummte er, zerrte mit zäher Gebärde seine große, rote Brieftasche hervor, zupfte in den Papieren, die wahrscheinlich nicht pure Banknoten waren, zog einen Gulden heraus und sagte: „Na, so nimm derweil das, in vierzehn Tagen wird dein Vater den Rest schon kriegen. Heut' hab' ich nicht mehr." Den Gulden schob er mir in die Hand, ging davon und ließ mich stehen.
Ich blieb aber nicht stehen, sondern ging zum Kaufmann Doppelreiter. Dort begehrte ich ruhig und gemessen, als ob nichts wäre, zwei Maßel Semmelmehl, zwei Pfund Rindschmalz, um zwei Groschen Salz, um einen Groschen Germ, um fünf Kreuzer Weinbeerln, um fünf Groschen Zucker, um zwei Groschen Safran und um zwei Kreuzer Neugewürz. Der Herr Doppelreiter bediente mich selbst und machte mir alles hübsch zurecht in Päckchen und Tütchen, die er dann mit Spagat zusammen in ein einziges Paket band und an den Mehlsack so hing, dass ich das Ding über der Achsel tragen konnte, vorne ein Bündel und hinten ein Bündel.

Als das geschehen war, fragte ich mit einer nicht minder tückischen Ruhe als vorhin, was das alles zusammen ausmache? „Das macht drei Gulden fünfzehn Kreuzer", antwortete er mit Kreide und Mund.

„Ja, ist schon recht", hierauf ich, „da ist derweil ein Gulden, und das andere wird mein Vater, der Waldbauer in Alpel, zu Ostern zahlen."

Schaute mich der bedauernswerte Mann an und fragte höchst ungleich: „Zu Ostern? In welchem Jahr?"

„Na nächst' Ostern, wenn die Kohlenraitung ist."

Nun mischte sich die Frau Doppelreiterin, die andere Kunden bediente, drein und sagte: „Lass ihm's nur, Mann, der Waldbauer hat schon öfter auf Borg genommen und nachher allemal ordentlich bezahlt. Lass ihm's nur."

„Ich lass ihm's ja, werd' ihm's nicht wieder wegnehmen", antwortete der Doppelreiter. Das war doch ein bequemer Kaufmann! Jetzt fielen mir auch die Semmeln ein, welche meine Mutter noch bestellt hatte.

„Kann man da nicht auch fünf Semmeln haben?", fragte ich.

„Semmeln kriegt man beim Bäcker“, sagte der Kaufmann.

Das wusste ich nun gleichwohl, nur hatte ich mein Lebtag nichts davon gehört, dass man ein paar Semmeln auf Borg nimmt, daher vertraute ich der Kaufmännin, die sofort als Gönnerin zu betrachten war, meine vollständige Zahlungsunfähigkeit an. Sie gab mir zwei bare Groschen für Semmeln und als sie nun noch beobachtete, wie meine Augen mit den reiffeuchten Wimpern fast unablösbar an den gedörrten Zwetschgen hingen, die sie einer alten Frau in den Korb tat, reichte sie mir auch noch eine Handvoll dieser köstlichen Sache zu: „Unterwegs zum Naschen.“

Nicht lange hernach, und ich trabte mit meinen Gütern reich und schwer bepackt durch die breite Dorfgasse dahin.

Überall in den Häusern wurde gemetzgert, gebacken, gebraten, gekellert; ich beneidete die Leute nicht; ich bedauerte sie vielmehr, dass sie nicht ich waren, der mit so großem Segen beladen gen Alpel zog. Das wird morgen ein Christtag werden! Denn die Mutter kann's, wenn sie die Sachen hat. Ein Schwein ist ja auch geschlachtet worden daheim, das gibt Fleischbrühe mit Semmelbrocken, Speckfleck, Würste, Nierenlümperln, Knödelfleisch mit Kren, dann erst die Krapfen, die Zuckernudeln, das Schmalzkoch mit Weinbeerln und Safran! – Die Herrenleut' da in Langenwang haben so was alle Tag, das ist nichts, aber wir haben es im Jahr einmal und kommen mit unverdorbenem Magen dazu, das ist was! – Und doch dachte ich auf diesem belasteten Freudenmarsch weniger noch aus Essen, als an das liebe Christkind und sein hochheiliges Fest. Am Abende, wenn ich nach Hause komme, werde ich aus der Bibel davon vorlesen, die Mutter und die Magd Mirzel werden Weihnachtslieder singen; dann, wenn es zehn Uhr

wird, werden wir uns aufmachen nach Sankt Kathrein, und in der Kirche die feierliche Christmette begehen bei Glocken, Musik und unzähligen Lichtern. Und am Seitenaltar ist das Krippel ausgerichtet mit Ochs und Esel und den Hirten, und auf dem Berg die Stadt Bethlehem und darüber die Engel, singend: Ehre sei Gott in der Höhe! Und beim Heimgehen werde ich mich nicht wieder verirren, wie dazumal, als mich die Mooswaberl hat müssen heimbringen. – Solche Gedanken trugen mich anfangs wie Flügel. Doch als ich eine Weile die schlittenglatte Landstraße dahingegangen war, unter den Füßen knirschenden Schnee, musste ich mein Doppelbündel schon einmal wechseln von einer Achsel auf die andere. In der Nähe des Wirtshauses „Zum Sprengzaun" fuhr

mir etwas Vierspänniges vor. Ein leichtes Schlittlein mit vier feurigen, hochaufgefederten Rappen bespannt, auf dem Bock ein Kutscher mit glänzenden Knöpfen und einem Buttenhut. Der Kaiser? Nein, der Herr Wachtler vom Schlosse Hohenwang saß im Schlitten, über und über in Pelze gehüllt und eine Zigarre schmauchend. Ich blieb stehen, schaute dem blitzschnell vorüberrutschenden Zeug eine Weile nach und dachte: Etwas krumm ist es doch eingerichtet auf dieser Welt. Da sitzt ein starker Mann drin und lässt sich hinziehen mit soviel überschüssiger Kraft, und ich vermag mein Bündel kaum zu schleppen.

Mittlerweile war es Mittagszeit geworden. Durch den Nebel war die milchweiße Scheibe der Sonne zu sehen; sie war nicht hoch an dem Himmel hinaufgestiegen, denn um vier Uhr wollte sie ja wieder unten sein, zur langen Christnacht. Ich fühlte in den Beinen manchmal so ein heißes Prickeln, das bis in die Brust heraufstieg, es zitterten mir die Glieder. Nicht weit von der Stelle, wo der Weg nach Alpel abzweigt, stand ein Kreuz mit dem lebensgroßen Bilde des Heilands. Es stand wie es heute noch steht, an seinem Fuß Johannes und

Magdalena, das ganze mit einem Bretterverschlag verwahrt, so dass es wie eine Kapelle war. Vor dem Kreuze auf die Bank, die für kniende Beter bestimmt ist, setzte ich mich nieder, um Mittag zu halten. Eine Semmel, die gehörte mir, meine Neigung zu ihr war so groß, dass ich sie am liebsten in wenigen Bissen verschluckt hätte. Allein das schnelle Schlucken ist nicht gesund, das wusste ich von anderen Leuten, und das langsame Essen macht einen längeren Genuss, das wusste ich schon von mir selber. Also beschloss ich, die Semmel recht gemächlich und bedächtig zu genießen und dazwischen manchmal eine gedörrte Zwetschge zu naschen.

Es war eine sehr köstliche Mahlzeit. Wenn ich heute etwas recht Gutes haben will, was kostet das für außerordentliche Anstrengungen aller Art! Ach, wenn man nie einen Mangel zu leiden hat, wie wird man da arm! Und wie war ich so reich damals, als ich arm war!

Als ich nach der Mahlzeit mein Doppelbündel wieder auflud, war's ein Spaß mit ihm, flink ging es voran. Nur nicht allzulange. Als ich später in die Bergwälder hinaufkam, und der graue Nebel dicht in den schneebeschwerten Bäumen hing, dachte ich an den Grabler Hansel. Das war ein Kohlenführer, der täglich von Alpel seine Fuhr ins Mürztal lieferte. Wenn er auch heute gefahren wäre! Und wenn er jetzt heimwärts mit dem leeren Schlitten des Weges käme und mir das Bündel auflüde! Und am Ende gar mich selber! Dass es so heiß sein kann im Winter! Mitten in Schnee und Eisschollen schwitzen! Doch morgen wird alle Mühsal vergessen sein. – Derlei Gedanken und Vorstellungen verkürzten mir unterwegs die Zeit.

Auf einmal roch ich starken Tabakrauch. Knapp hinter mir ging – ganz leise auftretend – der grüne Kilian. Der Kilian war früher einige Zeitlang Forstgehilfe in den gewerkschaftlichen Waldungen gewesen, jetzt war er's nicht mehr, wohnte mit seiner Familie in einer Hütte drüben in der Fischbacher Gegend, man wusste nicht recht, was er trieb. Nun ging er nach Hause. Er hatte einen Korb auf dem Rücken, an dem er nicht schwer zu tragen schien, sein Gewand war noch ein jägermäßiges, aber hübsch abgetragen, und sein schwarzer Vollbart ließ nicht viel sehen von seinem etwas fahlen Gesichte. Als ich ihn bemerkt hatte, nahm er die Pfeife aus dem Mund, lachte laut und sagte: „Wo schiebst denn hin, Bub?"

„Heim zu", meine Antwort.

„Was schleppest denn?"

„Sachen für den Christtag."

„Gute Sachen? Der Tausend sapperment! Wem gehörst denn zu?"

„Dem Waldbauer.“
„Zum Waldbauer willst gar hinauf! Da musst gut antauchen.“
„Tu's schon“, sagte ich und tauchte an.
„Nach einem solchen Marsch wirst gut schlafen bei der Nacht“, sprach der Kilian, mit mir gleichen Schritt haltend.
„Heut' wird nicht geschlafen bei der Nacht, heut' ist Christnacht.“
„Was willst denn sonst tun, als schlafen bei der Nacht?“
„Nach Kathrein in die Mette gehen.“
„Nach Kathrein?“, fragte er, „den weiten Weg?“
„Um zehn Uhr abends gehen wir vom Haus fort und um drei Uhr früh sind wir wieder daheim.“
Der Kilian biss in sein Pfeifenrohr und sagte: „Na hörst du, da gehört viel Christentum dazu. Beim Tag ins Mürztal und bei der Nacht in die Mette nach Kathrein! Soviel Christentum hab' ich nicht, aber das sage ich dir doch: wenn du dein Bündel in meinen Buckelkorb tun willst, dass ich es dir eine Zeitlang trag' und du dich ausrasten kannst, so hast ganz recht, warum soll der alte Esel nicht auch einmal tragen!“
Damit war ich einverstanden, und während mein Bündel in seinen Korb sank, dachte ich: Der grüne Kilian ist halt doch ein besserer Mensch, als man sagt.

Dann rückten wir wieder an, ich huschte frei und leicht neben ihm her. „Ja, ja, die Weihnachten!“, sagte der Kilian pfauchend, „Da geht’s halt drunter und drüber. Da reden sich die Leut’ in eine Aufregung und Frömmigkeit hinein, die gar nicht wahr ist. Im Grund ist der Christtag wie jeder andere Tag, nicht einen Knopf anders. Der Reiche, ja, der hat jeden Tag Christtag, unsereiner hat jeden Tag Karfreitag.“
„Der Karfreitag ist auch schön“, war meine Meinung.
„Ja, wer genug Fische und Butter und Eier und Kuchen und Krapfen hat zum Fasten!“, lachte der Kilian.

Mir kam sein Reden etwas heldentümlich vor. Doch was er noch weiters sagte, das verstand ich nicht mehr, denn er hatte angefangen, sehr heftig zu gehen und ich konnte nicht recht nachkommen. Ich rutschte auf dem glitschigen Schnee mit jedem Schritt ein Stückchen zurück, der Kilian hatte Fußeisen angeschnallt, hatte lange Beine, war nicht abgemattet – da ging’s freilich voran.
„Herr Kilian!“, rief ich.
Er hörte es nicht. Der Abstand zwischen uns wurde immer größer, bei Wegbiegungen entschwand er mir manchmal ganz aus den Augen, um nachher wieder in größerer Entfernung, halb schon von Nebeldäm-

merung verhüllt, aufzutauchen. Jetzt wurde mir bang um mein Bündel. Kamen wir ja doch schon dem Höllkogel nahe. Das ist jene Stelle, wo der Weg nach Alpel und der Weg nach Fischbach sich gabeln. Ich hub an zu laufen; im Angesichte der Gefahr war alle Müdigkeit dahin; ich lief wie ein Hündlein und kam ihm näher. Was wollte ich aber anfangen, wenn ich ihn eingeholt hätte, wenn ihm der Wille fehlte, die Sachen herzugeben, und mir die Kraft, sie zu nehmen? Das kann ein schönes Ende werden mit diesem Tage, denn die Sachen lasse ich nicht im Stich, und sollte ich ihm nachlaufen müssen bis hinter den Fischbacher Wald zu seiner Hütte!

Als wir denn beide so merkwürdig schnell vorwärtskamen, holten wir ein Schlittengespann ein, das vor uns mit zwei grauen Ochsen und einem schwarzen Kohlenführer langsam des Weges schliff. Der Grabler Hansel. Mein grüner Kilian wollte schon an dem Gespann vorüberhuschen, da schrie ich von hinten her aus Leibeskräften: „Hansel! Hansel! Sei so gut, leg' mir meine Christtagsachen auf den Schlitten, der Kilian hat sie im Korb und er soll sie dir geben!"

Mein Geschrei muss wohl sehr angstvoll gewesen sein, denn der

Hansel sprang sofort von seinem Schlitten und nahm eine tatbereite Haltung an. Und wie der Kilian merkte, ich hätte hier einen Bundesgenossen, riss er sich den Korb vom Rücken und schleuderte das Bündel auf den Schlitten. Noch knirschte er etwas von „dummen Bären“ und „Undankbarkeit“, dann war er auch schon davon.
Der Hansel rückte das Bündel zurecht und fragte, ob man sich draufsetzen dürfe. Das bat ich nicht zu tun. So tat er’s auch nicht, wir setzten uns hübsch nebeneinander auf den Schlitten und ich hielt auf dem Schoß sorgfältig mit beiden Händen die Sachen für den Christtag. So kamen wir endlich nach Alpel. Als wir zur ersten Fresenbrücke gekommen waren, sagte der Hansel zu den Ochsen: „Oha!“ und zu mir: „So!“ Die Ochsen verstanden und blieben stehen, ich verstand nicht und blieb sitzen. Aber nicht mehr lange, es war ja zum Aussteigen, denn der Hansel musste links in den Graben hinein und ich rechts den Berg hinauf.

„Dank' dir's Gott, Hansel!"

„Ist schon gut, Peterl."

Zur Zeit, da ich mit meiner Last den steilen Berg hinanstieg gegen mein Vaterhaus, begann es zu dämmern und zu schneien. Und zuletzt war ich doch daheim.

„Hast alles?", fragte die Mutter am Kochherd mir entgegen.

„Alles!"

„Brav bist. Und hungrig wirst sein."

Beides ließ ich gelten. Sogleich zog die Mutter mir die klinghart gefrorenen Schuhe von den Füßen, denn ich wollte, dass sie frisch eingefettet würden für den nächtlichen Mettengang. Dann setzte ich mich in der warmen Stube zum Essen.

Aber siehe, während des Essens geht es zu Ende mit meiner Erinnerung. – Als ich wieder zu mir kam, lag ich wohlausgeschlafen in meinem warmen Bette, und zum kleinen Fenster herein schien die Morgensonne des Christtages.

Der erste Christbaum in der Waldheimat

„Bist doch noch kommen! Wir haben schon gmeint, 's Wetter! Der Nickerl hat schon gröhrt, hat glaubt, du kunntst im Schnee sein stecken blieben. Na, weil d' nur da bist. Was magst denn gleich? Ein Eierspeis'? Ein Kaffee? Weihnachtsguglhupf han ich ah schon." Kennt ihr sie? Kennt ihr sie nicht? Das ist ja die Stimme der Mutter!

Es waren die ersten Weihnachtsferien meiner Studentenzeit. Wochenlang hatte ich schon die Tage, endlich die Stunden gezählt bis zum Morgen der Heimfahrt von Graz ins Alpel. Und als der Tag kam, da stürmte und stöberte es, dass mein Eisenbahnzug stecken blieb ein paar Stationen vor Krieglach. Da stieg ich aus und ging zu Fuß, frisch und lustig, sechs Stunden lang durch das Tal; wo der Frost mir Nase und Ohren abschnitt, dass

ich sie gar nicht mehr spürte; und durch den Bergwald hinauf, wo mir so warm wurde, dass die Ohren auf einmal wieder da waren und heißer, als je im Sommer. Der Nase vergaß ich, doch stak sie sicher fest im Gesicht, wo sie heute noch steckt. Auch mein Bündel Bücher schleppte ich, denn die Professoren waren so grausam gewesen, mir Hausaufgaben zu zeichnen, besonders in der Mathematik und Grammatik, die ich heute noch hassen künnte bis aufs Blut, wenn es nicht gar so blutlose Wissenschaften wären. So kam ich, als es schon dämmerte, glücklich hinauf, wo das alte Haus, schimmernd durch Gestöber und Nebel, wie ein verschwommener Fleck stand, einsam mitten in der Schneewüste. Als ich eintrat, wie war die Stube so klein und niedrig und dunkel und warm – und urheimlich. In den Stadthäusern verliert man ja allen Maßstab für das Waldbauernhaus. Aber man findet sich gleich wieder hinein, wenn die Mutter den Ankömmling ohne alle Umstände so grüßt. „Na, weil d' nur da bist!"
Auf dem offenen Steinherd waber-

te das Feuer, in der guten Stube wurde eine Kerze angezündet.
„Mutter, nit!", wehrte ich ab, „tut lieber das Spanlicht anzünden, das ist schöner!"
Sie tat's aber nicht. Das Kienspanlicht ist für die Werktage. Weil der Sohn heimkam, war für die Mutter Feiertag geworden. Darum die festlichere Kerze. Und für mich erst recht Feiertag!
Als die Augen an das Halblicht sich gewöhnt hatten, sah ich auch den Nickerl, das achtjährige Brüderl. Es war das jüngste und letzte. Es stand in seinem blädernden Höslein gerade wie ein Bäumchen da und hatte natürlich den Finger im Mund. Seine schwarzen Augen waren weit offen und ganz rund, so verwundert schaute er mich an. Der, um den er schon „gröhrt" hatte, war jetzt da und die Vertraulichkeit stellte sich erst allmählich ein. Selbst als ich ihn zum Kaffee einlud, war es noch nicht so weit, dass er den Finger für das Stück Guglhupf vertauschen wollte.
„Ausschaun tust gut!", lobte die Mutter meine vom Gestöber geröteten Wangen. Sie hatte ihr Gesicht, das nicht gut und nicht schlecht ausschaute – das alte, kummer-

volle und doch frohgemute Mutterantlitz. Ich schaute dieses Gesicht nie lange an, immer nur verstohlen – es war immer eine Schämigkeit da, bei ihr auch so, wie bei zwei heimlichen Liebsten. Zärtlich bin ich mit ihr nie gewesen, wohl auch nie grob – und diesmal bei der Heimkehr haben wir uns nur die Hände gegeben. Aber wohl war mir! Wohl zum Jauchzen und Weinen. Ich tat keines, ich blieb ganz ruhig und redete gleichgültige Dinge.

Der kleine Nickerl sah blass aus. „Du hast ja die Stadtfarb, statt meiner!", sagte ich, und habe gelacht. Die Sache war so. Der Kleine tat husten, den halben Winter schon. Und da war eine alte Hausmagd, die sagte es – ich wusste das schon von früher – täglich wenigstens dreimal, dass für ein „hustendes Leut" nichts schlechter sei, als „die kalte Luft". Sie verbot es, dass der Kleine hinaus vor die Tür ging, sie hielt immer die Fenster geschlossen, ja auch die Tür durfte nur so weit und so kurz aufgehen, wie eben noch ein Mensch rasch aus- oder einschlüpfen kann. Die Eltern wussten es der Alten Dank, dass sie so gewissenhaft für den Kleinen mitsorgen half. So kam der Knabe nie ins Freie und kriegte auch in der Stube keine gute Luft zu schnappen. Ich glaube, deshalb war er so blass, und nicht des Hustens halber. Gehustet hatte auch ich als Knabe, aber damals gab's noch diese alte Magd nicht und ich trieb mich mit meinen Geschwistern in der freien Weite um, wälzte Schneeballen, rodelte über Berglehnen, rutschte auf dem Eis die Hosen durchsichtig, so lange, bis der Husten wieder gut war. Aber der arme Nickerl hatte keinen gleichgesinnten Kameraden mehr, er war unter Großen das einzige Kind, das Hascherlein im Hause und fügte sich hilflos den Gesetzen. Ich nützte die wenigen Ferientage gewissenhaft, um ihn der lebensgefährlichen Fürsorge der Hausmagd abspenstig zu machen. Ich lockte ihn aus dem Hause, verleitete ihn zum Schneeballenwerfen, zum Schneemandelbauen, wobei er warme Hände und rote Wangen bekam. Und am Abende hustete er noch mehr. Mich schützte meine Stadtherrenwürde zwar vor dem Schlimmsten, aber das konnte die Alte nicht bei sich behalten, dass ich lieber in meinem Steinhaufen hätte bleiben sollen, als da herkommen, um Kinder zu verderben. Wir setzten munter unsere Winterfreuden fort und noch eh ich in die Stadt zurückkehrte, war beim kleinen Brüderl der Husten vergangen.

Aber ich laufe der eilenden Zeit voraus. Und will mich doch beim lieben

Christfest aufhalten. In der demselben vorhergehenden Nacht schlief ich wenig – etwas Seltenes in jenen Jahren. Die Mutter hatte mir auf dem Herde ein Bett gemacht mit der Weisung, die Beine nicht zu weit auszustrecken, sonst kämen sie in die Feuergrube, wo die Kohlen glosten. Die glosenden Kohlen waren gemütlich; das knisterte in der stillfinsteren Nacht so hübsch und warf manchmal einen leichten Glutschein an die Wand, wo in einem Gestelle die buntbemalten Schüsseln lehnten. Aber die Schwabenkäfer, die nächtig aus den Mauerlöchern hervorkrochen und zurzeit einmal Ausflüge über die Glieder und das Gesicht eines Studenten machten! Indes wird ein gesunder Junge auch die Schwabenkäfer gewohnt. Aber sie nicht ihn. – Da war's ein anderes Anliegen, über das er noch obendrein schlüssig werden musste in dieser Nacht, ehe die Mutter an den Herd trat, um die Morgensuppe zu kochen. Ich hatte viel sprechen gehört davon, wie man in den Städten Weihnacht feiert. Da sollen sie ein Fichtenbäumchen, ein wirkliches Bäumlein aus dem Walde auf den Tisch stellen, an seinen Zweigen Kerzlein befestigen, sie anzünden, darunter sogar Geschenke für die Kinder hinlegen und sagen, das Christkind hätte es gebracht. Auch abgebildet hatte ich solche Christbäume schon gesehen. Und nun hatte ich vor, meinem kleinen Bruder, dem Nickerl, einen Christbaum zu errichten. Aber alles im Geheimen, das gehört dazu. Nachdem es soweit taglicht geworden war, ging ich in den frostigen Nebel hinaus. Und just dieser Nebel schützte mich vor den Blicken der ums Haus herum arbeitenden Leute, als ich vom Walde her mit einem Fichtenwipfelchen gegen die Wagenhütte lief, dort das Bäumlein in ein Scheit bohrte und unter dem Karren- und Räderwerk versteckte. Dann ging ich nach Sankt Kathrein zum Krämer, um Äpfel zu kaufen. Der hatte aber keine, sie waren im selben Jahre zu Pöllau und Hartberg nicht geraten und so war kein Obstträger in die Gebirgsgegend gekommen.

Nun fragte ich den Krämer, ob er vielleicht Nüsse habe. „Nüsse!“, sagte er. „Zum Anschauen oder zum Aufschlagen? Ich habe ihrer noch ein Sackel, vom vorigen Jahr her. Aber die sind nur zum Anschauen. Schlagst sie auf, so hast einen schwarzen oder verdorrten Kern, der nit zum Essen ist." Die Nüsse ließ ich ihm. Das wollte ich dem Brüderl nicht antun: eine schöne Schale und kein Kern. Solche Sachen darf man ihm nicht angewöhnen.

Was sollte ich nun kaufen. Er hatte ja allerhand schöne Sachen; der Krämer. Rote Sacktücheln, Hosenträger, Handspiegel, Tabakspfeifen, sogar Maulwetzen[7]. Doch abgesehen davon, dass der angehende Pädagoge manches nicht passend fand, hatte ich mit meinem Geldvorrat zu rechnen, der mich ja auch wieder nach Graz bringen sollte.

„So wär' ich halt umsonst gegangen", sagte ich. Darauf der Krämer: „Damit du nit umsonst gegangen bist – wenn man noch du sagen darf zum Herrn Studenten – so trink da ein Stamperl Roten." Damit goss er mir aus der Flasche süßen roten Schnaps in ein Gläschen.

Als ich den getrunken hatte, war mir der Mut gestiegen und die Geldsorge gesunken. Aber nicht beim Krämer wurde eingekauft, daraufhin war der Rote auch nicht gespendet vom alten braven Haselbauer (auch Haselgräber geheißen). Ich ging über das Brückerl zum Bäcker und kaufte einen Vierkreuzerwecken, den ich in die Brusttasche steckte, so dass der Fuhrmann Blasel, der mir

---

7 Mundharmonikas

nachher begegnete, lachend auf mich herrief: „Nau, der Waldbauernpeter hat ja eine Hühnerbrust bekemma!", denn die Vierkreuzerwecken in Sankt Kathrein waren damals nicht danach, dass sie unter dem zugeknöpften Rock unbeachtet bleiben konnten.

Ich kam nach Hause und nun war für den Christbaum alles beisammen. Aber kaum mir darob behaglich ward, fiel mir ein, dass gerade noch etwas sehr Wichtiges fehlte: die Kerzen. Ich hatte der kleinen Wachskerzen vergessen; wo nehme ich sie her? Ich nahm sie einfach her. In einem Bauernhause ist für alles Rat, nur gehört zur Herbeischaffung manchmal eine Notlüge. Sie ist nicht schwer zu machen. Zur Mutter ging ich und bat, ob sie mir nicht ihren roten Mariazellerwachsstock leihen wollte. Sie fragte wozu? Na, dann tat ich's halt. Ich ginge in der Nacht zur Christmette, wo in der Kirche alle Leute ihre Lichter hätten, so möchte ich auch eins haben. Sie langte nur in ihren Gewandkasten; da hatte ich den Wachsstock.

Dann ward es Abend. Die Gesindleute waren noch in den Ställen beschäftigt, oder in den Kammern, wo sie sich nach der Sitte des Heiligen Abends die Köpfe wuschen, und ihr Festgewand herrichteten. Die Mutter in der Küche buk die Christtagskrapfen und der Vater mit dem kleinen Nickerl ging durch den Hof, um ihn zu beräuchern und dabei schweigend zu beten. Das schweigende Beten, sagte die Mutter gern, sei wirksamer als das laute.

Wenige Jahre vorher hatte ich dem Vater bei diesem priesterlichen Amte noch geholfen, nun tat es schon das Brüderl, und gewiss auch mit jener ehrfürchtigen Andacht, die den Geheimnissen dieser Nacht gebührt.

Dieweilen also die Leute alle draußen zu tun hatten, bereitete ich in der großen Stube den Christbaum. Das Bäumchen, das im Scheite stak, stellte ich auf den Tisch. Dann schnitt ich vom Wachsstock zehn oder zwölf Kerzchen und klebte sie an die Ästlein. Das plagte ein wenig, denn etliche wollten nicht kleben und fielen herab.

Ich hätte sehr gern Geduld gehabt, um alles ordentlich zu machen, aber jeden Augenblick konnte die Tür aufgehen und vorzeitig wer hereinkommen. Gerade diese zitternde Hast, mit der sie behandelt wurden, benützten die Kerzchen, um mich ein wenig zu necken. Endlich aber wurden sie fromm, wie es sich für Christbaumkerzchen geziemt und hielten fest. Es war gut. Unterhalb, am Fuße des Bäumchens legte ich den Wecken hin.

Da hörte ich über der Stube auf dem Dachboden auch schon Tritte – langsame und trippelnde. Sie waren schon da und segneten den Bodenraum. Bald würden sie in der Stube sein, mit der wir den Rauchgang zu beschließen pflegten. Ich zündete die Kerzen an und versteckte mich hinter den Ofen. Noch war es still. Ich betrachtete vom Versteck aus das lichte Wunder, wie in dieser Stube nie ein ähnliches gesehen worden. Die Lichtlein auf dem Baum brannten so still und feierlich – als schwiegen sie mir himmlische Geheimnisse zu. Aber da fiel es mir ein – wenn sie niederbrannten, bevor die Leute kommen! Wie konnte ich's denn hindern? Wie sollte ich sie denn zusammenrufen? Da konnte ja alles ganz dumm misslingen! Es ist gar nicht so leicht, Christkindel zu sein, als man glaubt. Endlich hörte ich an der Schwelle des Vaters Schuhklöckeln – man wusste schon immer, wenn es so klöckelte, dass es der Vater war. Die Tür ging auf, sie traten herein mit ihren Weihgefäßen und standen still.

„Was ist denn das?!", sagte der Vater mit leiser, langgezogener Stimme. Der Kleine starrte sprachlos drein. In seinen großen runden Augen spiegelten sich wie Sterne die Christbaumlichter. – Der Vater schritt langsam zur Küchentür und flüsterte hinaus: „Mutter! – Mutter! Komm ein wenig herein." Und als sie da war: „Mutter, hast du das gemacht?"

„Maria und Josef!“, hauchte die Mutter. „Was lauter haben's denn da auf den Tisch getan?“ Bald kamen auch die Knechte, die Mägde herbei, hell erschrocken über die seltsame Erscheinung. Da vermutete einer, ein Junge, der aus dem Tale war: Es könnte ein Christbaum sein. Sollte es denn wirklich wahr sein, dass Engel solche Bäumlein vom Himmel bringen? – Sie schauten und staunten. Und aus des Vaters Gefäß qualmte der Weihrauch und erfüllte schon die ganze Stube, so dass es war wie ein Schleier, der sich über das brennende Bäumchen legte.

Die Mutter suchte mit den Augen in der Stube herum: „Wo ist denn der Peter?“

„Ah“, sagte der Vater, „jetzt schon, jetzt rait ich mir's schon, wer das getan hat.“

Da erachtete ich es an der Zeit, aus dem Ofenwinkel hervorzutreten. Den kleinen Nickerl, der immer noch sprachlos und unbeweglich war, nahm ich an dem kühlen Händchen und führte ihn vor den Tisch. Fast sträubte er sich. Aber ich sagte – selber feierlich gestimmt – zu ihm: „Tu dich nicht fürchten, Brüderl. Schau; das lieb' Christkindl hat dir einen Christbaum gebracht. Der ist dein.“ Und da hub der Kleine an zu wiehern vor Freude und Rührung, und die Hände hielt er gefaltet wie in der Kirche. Öfter als vierzigmal seither hab’ ich den Christbaum erlebt, mit mächtigem Glanz, mit reichen Gaben und freudigen Jubels unter Großen und Kleinen. Aber eine größere Christbaumfreude, ja eine so heilige Freude habe ich noch nicht gesehen; als jene meines kleinen Bruders Nickerl – dem es so plötzlich und wundersam vor Augen trat – ein Zeichen dessen, der vom Himmel kam. Solange die Lichter brannten, war es wie ein Gottesdienst; während der Mutter auf dem Herde richtig ein paar Krapfen verschmorten. Erst als sie verloschen, eins ums andere, bis auch das letzte mit ein paar knisternden Flackern dahin war, huben die Leute an zu reden und einer brachte, weil es finster geworden war, von der Küche ein rötliches Spanlicht her ein.

„Was denn da drunter liegt!“,

sagte der Vater und zeigte auf den Wecken. „Nickerl, mich deucht, das gehört auch dein."
Der schöne bräunliche Wecken, mit Weinberln gespickt – weil es Weihnachtsgebäck war – wurde dem Kleinen in die Hand gegeben. Er hielt ihn ganz hilflos vor sich. Die Freude wurde nicht größer, weil sie nicht mehr größer werden konnte. Der Christbaum allein hatte sein ganzes Herzlein ausgefüllt, sowie er auch unsere Kinder ausfüllen würde, wenn der himmlische Lichterbusch nicht so sehr mit irdischem Tand verweltlicht wäre. Nachher beim Nachtmahl wurden allerhand Meinungen laut.
„Heut' tät eigentlich 's Krippel auf den Tisch gehören", meinte die alte Magd.
„'s Krippel ist eh da oben", entgegnete der Vater und wies gegen den Wandwinkel, wo neben mehreren Heiligenbildern mit kleinen Figuren auch die Darstellung der Geburt Christi war.
„'s kommt halt eine neue Mod' auf", wusste der Junge aus dem Tal zu sagen. „Der lutherisch Verwalter in Mitterdorf hat in ganz Mürztal den Christbaum aufgebracht. Aber da sind wenigstens gute Sachen darunter, und dass jeder was kriegt."
„Aha, wenn du Geschenke kriegst", sagte ich gereizt, „da magst auch einen lutherischen Christbaum, gelt!"

„Still seid's!“, gebot der Vater, der solche Reden nie leiden konnte, und heut am wenigsten.

Also ist die Weihnachtsstimmung schön gewahrt geblieben. Und während wir gekochte Rüben und Sterz aßen, saß der Nickerl beim Christbaum und aß ein Stückchen Wecken, das ihm die Mutter herabgeschnitten hatte. Sich und dem Vater und mir, so war sein Wille, sollte sie auch ein Stück herabschneiden; aber mir war der lang entbehrte Sterz lieber. So zehrte der Kleine noch am Christtag und am Stephanitag und am Johannstage an seinem Wecken. Aber die Weinberln hatte er alle schon am ersten Tag aus der Rinde gekletzelt. Endlich war der ganze Wecken weg. Aber das Bäumlein war noch da, wenn auch kahl und leer, wie sie im Walde stehen. Der Nickerl ließ es auf die Leiste über seinem Bettchen stellen. Und dort stand es gewisslich bis die Nadeln begannen zu fallen. Dann nahm es die Mutter heimlich weg, hackte es klein, und legte es fast zärtlich auf das prasselnde Herdfeuer.

Weihnacht in Winkelsteg

In der heiligen Christnacht sind die Leute schon wieder von allen Seiten herbeigekommen. Die von den Spanlunten abgefallenen Glühkohlen sind lustig hingeglitten über die Schneekruste wie Sternschnuppen.
Viele Wäldler sind in ihrer Sehnsucht nach der mitternächtigen Feier ein gut Stück zu früh daran. Da die Kirche noch nicht aufgesperrt und es im Freien kalt ist, so kommen sie zu mir in das Schulhaus. Ich schlage Licht und da ist bald die ganz Schulstube voll Menschen. Die Weiber haben weiße, bandartig zusammengelegte Tücher um das Kinn und über die Ohren hinaufgebunden. Sie huschen recht um den Ofen herum und blasen in die Finger, um das Frostwehen zu verblasen. Die Männer halten sich fest in ihren Lodengewändern verwahrt. Sie behalten die Hüte auf den Köpfen, sitzen auf den Tisch-

brettern der Schulbänke und besehen mit wichtigtuender Bedächtigkeit die Lehrgegenstände, welche die Jüngeren den Älteren erklären. Einige gehen auch über den Boden auf und ab und schlagen bei jedem Schritt die gefrorenen Schuhe aneinander, dass es klappert. Fast alle rauchen aus ihren Pfeifen. Der Urwald ist auszurotten, aber das Tabakrauchen nimmer.

Ich kleide mich rasch an, ich soll in der Kirche doch der erste sein. Jählings klopft es sehr stark an meine Tür. Die Waldleute klopfen nicht; wer ist es also? Eine weiße Schafwollenhaube guckt herein und unter der Haube steckt ein alter Runzelkopf mit schneeweißen Lockensträhnen. Also gleich erkenne ich den Waldsänger. Heute trägt er einen gar langen Rock, der bis zu den Waden hinabgeht und mit Messinghäkchen zugeknöpft ist. Darüber hängt ein Schnappsack und eine Seitenpfeife; und auf einen Hirtenstab stützt sich der Alte und seinen braunen, weltumfassenden Hut hält er in den Händen. Dieser Hut ist seine Hütte und sein Heim und seine ganze Welt. Ein guter Hut, denkt er, ist das beste im Weltgetümmel; und der Erde Hut nennen sie

den Himmel. „Was hocket Ihr denn da, Ihr Bärenhäuter!“ ruft der Rüpel laut und lustig, „draußen scheint schon lang die Sonnen! – Gelobt sei der Herr; und ich bring euch die wundersame Mär, die sich heut zugetragen hat drunten in der Bethlehemstadt. Hört ihr keine Schalmei und kein Freudengeschrei? So luget zum Fenster hinaus; taghell beleuchtet ist jedes Haus!“

Die Leute stecken richtig die Köpfe zu den Fenstern; aber da ist nichts als der finstere Wald und der Sternenhimmel. – Was sollten sie ansonsten denn noch sehen? Der Alte guckt schmunzelnd nach links und nach rechts, wie viel er wohl Zuhörer habe. So nach stellt er sich mitten in die Stube hin, pocht mit dem Stocke mehrmals auf den Fußboden und hebt so an zu reden:

„Da steh ich allein draußen auf der Heid und schau schläfrig herum weit und breit und treib mein Schäflein zusamm; hab dabei gehabt ein wutzerfeists Lamm. Und wie ich das anschau eine Weil, da hör ich ein Ghetz und ein Gschall, grad hoch in der Luft, es ist wahr; und sie musizieren sogar. Ich hab nit gewusst, was das bedeut’t und wer denn da tobt voller Freud. Die Lämmlein sein gsprungen drauf, eins nach dem andern auf; das feiste hat so lieblich plärrt, wie es das Wunder hat gehört. Drauf seh ich – hab gmeint, ’s ist ein’ Mär - kleine Bubn fliegen in Lüften umher. – Ein Engel fliegt grad auf mich zua, den frag ich: Was gibt's denn heut, Bua? Da schreit es gleich lustig und froh: ‚Gloria in excelsis Deo!' – Das kunnt ich, mein Eid, nicht verstehn: Geh, Bübel, musst deutsch mit mir redn; ich bin ein armer Hirt in der Gmein und die Lämmlein können auch nit Latein. – So mach sich der Hirt nur geschwind auf und geh er nach Bethlehem drauf, dort wird er finden ein neugebornes Kindelein; ja gar ein wunderschön Kind liegt zwischen Esel und Rind. Nicht in einem Königsaal, nur in einem Ochsenstall, nur in einem Ochsenstall liegt unser eingefatschter Gott, der uns hilft in aller Not."

Das ist des alten Sängers ‚Botschaft', die er während der Weihnachtszeit in allen Häusern verkündet. Wir haben ihm einen kleinen Botenlohn gegeben, da sagt er noch ein paar heitere Sprüche und humpelt wieder zur Tür hinaus.

Die Leute sind ganz schweigsam und andächtig geworden; und erst, als die Kirchenglocken zu läuten anheben, werden sie wieder lebendiger und verlassen, unbeholfen in Worten und Gebärden, die Stube.

Ich habe das Licht ausgelöscht, das Haus verschlossen und bin in die Kirche gegangen. Das ist die Nacht, in der vom Orient bis zum Okzident die Glocken läuten. Ein Freudenruf schallt durch die Welt und die Lichter strahlen wie ein Diamantgürtel um den Erdball. – Auch in unserer Kirche ist es licht wie am hellen Tage, nur zu den Fenstern schaut die helle Nacht herein. Jeder hat ein Stück Kerze oder gar einen ganzen Wachsstock mitgebracht; denn in der Christnacht muss jeder seinen Glauben und sein Licht haben. Die Leute drängen sich zum Kripplein, das heute an der Stelle des Beichtstuhles aufgerichtet worden ist. Ich habe vor mehreren Jahren aus Linden- und Eschenholz die vielen kleinen Figuren geschnitzt und sie zur Versinnlichung der Geburt Christi zusammengestellt. Es ist der Stall mit der Krippe, mit dem Kindlein, mit Maria und Josef, mit Ochs und Esel, es sind die Hirten mit den Lämmlein, die heiligen Könige mit den Kamelen; es sind andere spaßhafte Männchen mit Gruppen, wie sie Freude, Wohltun und Liebe zum Christkinde nach der Leute Auffassung ausdrücken sollen. In der Luft hängen die Engel und die Sterne und im Hintergrunde ist die Stadt Bethlehem. Was der Rüpel weiß zu sagen in Worten, das will ich durch diese Bilder erzählen. Und die Leute erbauen sich an dieser Darstellung.

Aber sie halten sie, Gott sei Lob, eben nur wie ein Bild, von dem sie wissen, dass es nichts bedeuten und nichts wirken kann als die Erinnerung. Mit einem Heiligenbilde auf dem Hochaltar wäre das anders; das hätten sie Jahr um Jahr und in allen Lebenslagen vor Augen, das täten sie wohl zum Herrgott selber machen.

Auf dem Chore ist in dieser Nacht Unheil gewesen. Der Pfarrer stimmt schon das ambrosianische Loblied an, ich sitze an der Orgel und ziehe zur hohen Festfreude alle sechs Stimmzüge auf – da platzt jählings der Blasebalg und die Orgel stöhnt auf und faucht und gibt keinen einzigen klingenden Ton. Meiner Tage bin ich nicht in solcher Verlegenheit gewesen als in dieser Stunde. Ich bin der Schulmeister, der Choraufseher, ich muss Musik machen; und die Musik ist ja eigentlich das Fest und ohne Musik gibt es in der Kirche gar keine Christnacht. Aller Leut' Herzen hüpfen, aller Leut' Ohren spitzen sich der Musik entgegen, da schürft mir der Teufel jetzt den Blasebalg auf. Ich habe meinen Kopf in die Hände genommen, hätte ihn am liebsten zum Fenster hinausgeworfen. Vergebens hüpfen meine Finger alle zehn über die Tasten hin; taubstumm ist das ganze Zeug und wie maustot.

Der Paul Holzer, sein Weib und die Adelheid von der Schwarzhütte, die auf dem Chore neben mir sitzen, merken wohl meine Pein; aber sie rücken nur so her und hin und hüsteln und räuspern sich und heben an in hellen Stimmen zu singen: „Herrgott, dich loben wir all!“ Das ist mir Öl ins Herz gewesen. Aber das Lied wird bald aus sein und danach kommt das Hochamt und da muss Musik, Chormusik sein um alle Welt. Holpert der alte Rüpel die Treppe herauf: „Schulmeister! Will schon heut die Orgel schweigen, so nimm die Geigen!“ „O Gott, Rüpel, die ist zu Holdenschlag beim Leimen!“ „Und kunnt ich auch die Geigen nicht zuwege bringen, o tät ich bei meiner Treu die Kirchenlieder frei auf der Zither singen!“
Für diese Wort habe ich den Alten so stürmisch umarmt, dass er bis ins Herz hinein erschrocken ist. Ich eile und hole die Zither; und bei dem Hochamte klingt auf dem Chor ein Saitenspiel, wie es in dieser und etwa auch in einer andern Kirche niemalen so gehört worden ist. Die Leute horchen, der Pfarrer selber wendet sich ein wenig und tut einen kurzen Blick gegen mich herauf.
Und so ist mitten in der langen Winternacht zu Winkelsteg das Christfest gefeiert worden.
Leise zittern und wiegen die Saitentöne; sie singen dem neugebornen Jesukindlein das Wiegenlied und dem Menschen den Frieden. Und sie schrillen und wecken das

schlafende Kind, ehe der falsche Herodes kommt; und sie trillern ein Wanderliedchen für die Flucht nach Ägypten. Ich spiele den Messgesang, spiele die Lieder, wie sie meine Mutter gesungen und mein Nährvater, der gute Schirmmacher, und im Hause des Freiherrn die Jungfrau …

Und letztlich weiß ich selber nicht mehr, was ich kindischer Mann der Gemeinde und dem heiligen Kind hab vorgespielt in dieser Christnacht.

Ich werde den Winkelstegern noch so verrückt wie der Reim-Rüpel.

Nach dem Mitternachtsgottesdienst hat der Pfarrer durch mich die Ärmsten der Gemeinde, die Alten, die Bestraften, die Verlassenen zu sich in den Pfarrhof rufen lassen.

Je! Da ist es noch heller wie in der Kirche! Da ist mitten in der Stube ein Baum aufgewachsen und der blüht in Flammenknospen an allen Ästen und Zweigen.

Da gucken die alten Männlein und Weiblein gottswunderlich drein und kichern und reiben sich die Augen über den närrischen Traum. Dass auf einem Baum des Waldes eitel Kerzenlichter wachsen, das haben sie alle ihre Tage noch nicht gesehen.

Jenes Wundervöglein von den tausend Jahren, sagt der Pfarrer, sei wieder durch den Wald geflogen, habe ein

Samenkorn in den Boden gelegt und dem sei dieses Bäumchen mit den Flammenblüten entsprossen. Und das sei der dritte Baum des Lebens. Der erste sei gewesen der Baum der Erkenntnis im Paradiese; der zweite sei gewesen der Baum der Aufopferung auf Golgatha; und dieser dritte Baum der Baum der Menschenliebe. Der uns das Golgatha der Erde wieder zum Paradiese gestalte. Im brennenden Dornbusch habe Gott vormal einst die Gebote verkündet und in diesem brennenden Busche wiederholte er es heute: Du sollst den Nächsten lieben wie dich selbst! Hierauf hat der Pfarrer die Kleidung und Nahrung verteilt, wie die Gaben bestimmt gewesen, und die Worte gesagt: „Nicht mir danket, das Christkind hat's gebracht!" „Du mein, du mein!", rufen die Leutchen zu einander, „jetzt steigt uns das Christkind schon gar in den Wald herein! Ja, weil wir halt eine Kirche haben und so viel einen guten Herrn Pfarrer!"
Der Rüpel, auch einer der Beschenkten, ist allein kindischer wie die andern all mitsammen. Er eilt um den

Baum herum, als täte er das Christkind suchen im Gezweige.

„Aber mein!“, schreit er endlich, „die Sonn darf nicht bös auf mich werden, ich weiß kein Licht auf der Erden, weiß keins zu nennen, das so hell tät brennen wie dieser Wipfel mit seinem Gipfel! Seid fein still und lauscht! Hört ihr's, wie's in den Zweigen rauscht? Wie Spatzen fliegen die Englein und bauen ein Nest fürs Christkind zum heiligen Fest. Der weiße dort, der kleine – Flügel hat er auch noch keine – der wär jetzt schier herabgefallen. Geh, lass dir ein paar Steigeisen teilen vom Schmied, ich will sie schon zahlen. Schau, ich hab heut ein warm Jöpplein kriegt und in jedem Säckel ein Taler liegt. Und kommet, ihr Engel, nur auch bald zu allen andern Bäumen in unserm Wald, auf dass ihr tätet anzünden die Lichterkronen zu tausend Millionen!“

Keinen Löffel voll hat der alte Rüpel gegessen, als die andern beim Grassteiger warme Suppe genießen. Und als Stroh in die Stube getragen und ein Lager bereitet ist worden, dass die Leutchen nicht in der Nacht zu ihren fernen Hütten wandern müssen, da ist der Rüpel hinausgegangen unter den freien Himmel und hat die Sterne gezählt und jedem einen Namen gegeben. Und der aufgehende Morgenstern hat den Namen ‚Vater Paul‘ erhalten.

Christfest im Waldschulhaus

Zur Weihnachtszeit des Jahres 1903 fuhr eines Sonntagsmorgens eine Reihe Schlitten durch das Mürztal und bog die Alpsteigstraße hinan. Die geschmückten Pferde schellten lustig und lautlos glitten die Kufen auf glatter Bahn dahin, während die Insassen heiter plauderten, lachten und Rufe des Entzückens hören ließen über die Winterlandschaft ringsum. Sie kamen aus großen Städten, wo schmutziger Rauch auf den klebrigen Boden sank und stinkender Brodem niederschlug in die belebten Straßen, die Lichter des Weihnachtsmarktes fast erstickten. Hier war der stille, weite Winter. Auf reinem Schnee lag dichter blasser Nebel, sodass die Schlitten dahinglitten in einer weißen Finsternis, man kann's nicht anders sagen. Die Bauernhöfe kamen erst wie verschwommene Flecken hervor, als sie schon auf zehn Schritte nahe waren, und die Bäume, deren lange Äste von Schneewuchten tief niedergedrückt wurden, tauchten ihre Wipfel so hoch in den Nebel, dass man sie nicht mehr sah.

Als wir – ich war natürlich auch dabei – von Höhe acht- bis neunhundert Meter erreicht hatten, wurde der Nebel dünner und enthüllte weite Waldstrecken, um uns – grauenhaftes Unheil zu zeigen. Als wir den ersten frischgebrochenen Baum sahen, erhob sich besonders bei den Frauen schon ein Wehklagen! Die herrlichen Wälder meiner Waldheimat waren stellenweise ein ungeheures Schlachtfeld geworden, auf dem noch die Toten lagen zu Tausenden und Tausenden. In Aldalbert Stifters Erzählung „Aus der Mappe mei-

nes Urgroßvaters“ wird von einem Waldbruch durch Schneedruck im Böhmerwald erzählt, den ich oft mit Teilnahme und Betrübnis gelesen hatte, ohne zu ahnen, dass auch meiner engsten Heimat eine solche Katastrophe bevorstehen sollte. Ein Elementarereignis, wie an ein ähnliches sich niemand in der Gegend erinnern kann. Hatte der Sturm gewütet? Ach hätte er es nur, es wären wenigstens geschützte Striche verschont geblieben. Nun ist aber die Vernichtung überall, in den Schluchten wie auf den Höhen. Die Windstille war es gewesen, die das Unheil angerichtet. In der ersten Dezemberwoche gab es im ganzen Land große Niederschläge. In den Niederungen war es Regen mit Schnee, auf den Höhen war es Schnee mit Regen. In den Nadelwäldern legte der weiche Schnee sich ans Geäste und bleib daran kleben. Denn es war ganz windstill, tage- und wochenlang. In der Nacht fror der Schnee fest, am Tage regnete es drauf, die Lasten vereisten sich und verbackten mit dem Astwerk. Dann begann es zu schneien, auch dieser Neuschnee blieb hängen, es kam Tauwetter und es kam Frost, sodass von den Schneewuchten auf den Bäumen Eismäntel und Eiszapfen niederhingen. Endlich kam wieder Schneefall und deckte die Bäume so gründlich zu, dass die einzelnen Astpartien nicht mehr zu erkennen waren und die Gestalten dastanden wie Riesenzuckerhüte. In den dichten Beständen klebten ganze Baumgruppen aneinander und wer von den Berggipfeln niederschaute, dem schien es, als ob weite Waldflächen mit einem einzigen Tuche bedeckt wären.

Das war eine Weile so gestanden in der Ruhe der Last. Und dann hat es allmählich begonnen. Hier ein Knistern, da ein Schnalzen. Dort ein dumpfer Schlag. Bisweilen brach ein Wipfel nieder, dass brache ein Stamm, dann neigte sich ein Zuckerhut und legte sich gelassen um – bei der gänzlichen Windstille gespensterhaft zu sehen. Stellenweise brachen viele Stämme auf einmal wie die Säulen eines Domes, die das gemeinsame Dach nicht mehr zu tragen vermögen. Der Waldstraßenwanderer sah, wie hinter ihm dröhnend die Lasten stürzten und vor ihm die hundertjährigen Stämme über den Weg fielen. Auf der Alpsteigstraße waren an einem Tag viel hundert Bäume so hingebrochen, als gelte es, die arme kleine Gemeinde Alpl da hinten vor anrückenden Türken zu verschanzen. Und so währte es Tag und Nacht, eine Woche lang in den

Wäldern, das Krachen und Dröhnen. Den Leuten in ihren einsamen Häusern wurde angst und bang, viele wussten nicht, was das bedeuten sollte, dass bei der größten Windstille der Wald niederbrach. Auch manches Scheunendach hat seine Schneewucht nicht ertragen können und ist eingeknickt wie ein armes Tier, dem zu viel aufgeladen worden war. Die Wälder sprenkelten sich allmählich in dunkle Flecken. Der Stamm, dem es nicht gelang, sich der Scheelast zu entledigen, musste sterben.

Und durch diese Verwüstung führte nun unsere Straße. Von vielen Arbeitern war sie ausgeräumt und fahrbar gemacht worden. Aber zu beiden Seiten und so weit man hinausblicken konnte, lag gebrochener Wald. Stellenweise nur einzelne Stämme, aber stellenweise ganze Reihen und Partien niedergelegt. Die einen Bäume waren wipfellos, die anderen in der Mitte gebrochen, die meisten aber mitsamt der Wurzel umgelegt worden. Denn dasselbe laue Wetter, das den Schnee oben anklebte, weichte unten den Boden auf, der sonst zur Winterzeit hart gefroren dem Stamm mit seinen Schneelasten eine gute Stütze gibt. Wenn

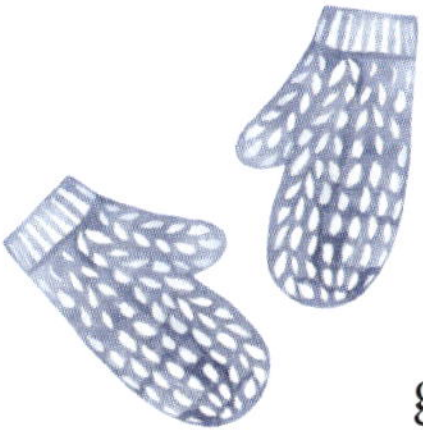

sonst bei Windbrüchen die Stämme zumeist in gleicher Richtung hin liegen, so gab es hier ein verworrenes Durcheinander von Schäften, aufragenden Wurzelballen, Astwerk, Wipfeln und Splittern. Über den Bäumen, die tief im weichen Schnee lagen, war vieles aneinander verklemmt, vieles schief lehnend, noch hängend in der Luft. Aber es rührte sich nichts, nur große Raben flatterten hin und her und ein betäubender Harzgeruch erfüllte die Luft.

Die früher so fröhliche Schlittengesellschaft war umso mehr betroffen, als von diesen Verwüstungen kaum ein Wort in die Welt gedrungen war, so gewaltiger Schaden sich auch über das weite Land erstrecken musste. Die Gesellschaft fuhr dem Waldschulhause zu, aber noch bevor wir es erreichten, war für etwas gesorgt, das unseren Sinn zu Fröhlichem wendete. Am Höllkogel, dort wo der Alplweg die Straße verlässt und rechts talabwärts biegt, wurden von unserem sechssitzigen Schlitten die Pferde losgespannt. Dafür setzte sich zum „nordischem Spiel" ein junger, strammer Holzknecht zwischen die Kufenhörner und nun ging wegshin eine verwegenene Talfahrt los, die uns Neulingen in der ersten Minute nachgerade für das süße Leben bangen ließe. Wäre neben uns nicht der Veranstalter dieser wildlustigen Fahrt, Freund Schruf, gesessen mit seiner heiteren Ruhe, so hätten wir kaum schon in der zweiten Minute das Gefühl der Sicherheit gefunden. In der dritten ging uns sogar eine leise Ahnung davon auf, was in unseren Ländern die „nordischen Spiele" zu bedeuten haben werden. – Eine Strecke von ungefähr zwei Kilometern legten wir in vier Minuten zurück und glitten dabei in Übermut noch ein Stück über den Platz des Waldschulhauses hinaus.

Klang vom Glockentürmchen nicht ein Willkommensgruß hin in das winterliche Hochtal, wo die Leute von allen Seiten herankamen? Die Schulkinder, die Eltern und Verwandten derselben eilten herbei, Gäste aus dem Mürztal, aus Graz und an die dreißig Personen aus Wien vom Österreichischen Touristenklub, die gekommen waren, um im Namen dieses großen und überall wohltätig wirkenden Vereines den Kindern von Krieglach-Alpl einen Weihnachtsbaum zu bescheren. Die Schulstube konnte alle nicht fassen, die erschienen waren, und bei unserem Eintritt leuchtete schon der Tannenbaum, der in seinem Lichterstrahle und mit seinen Liebesga-

ben mir vorkam wie ein Seliger, ein ins Himmelreich Erhobener, im Vergleich zu jenen draußen, die von irdischen Lasten so grausam niedergeworfen in der Erde modern sollen.

Und dann hat im Waldschulhaus ein rührender Gottesdienst begonnen. Begrüßungsansprachen und Weihereden so hehr und christlich, wie sie in keinem Bischofdome gehört werden können, dann herzige Mundartgedichte, vom wackeren Waldschulmeister verfasst und von Kindern vorgetragen. Freude und Dank sprachen sie aus. So traten zwei Mädchen vor den Baum und hielten folgende Wechselrede:

„Do steh' i holt wieda wia just vor an Johr." – „Und i dechta a, so san ma glei zwoar." – „Der Ban steht a grod am nämlich'n Fleck." – „Jo und von die schön Sacherln is a no nix weck." – „Schön is er, der Bam, dö muaß i schon sogn." – „Wirst leicht an sölch'n do ninascht dafrog'n." – „I frog a wuhl nit, bin z'fridn mit dem oan." – „Jo moanst, er g'hört für die glei alloan und is just wegen deiner so schön bei der Hond?" – „A freili, er g'hört uns allen mitanond." – „Ui jegerl und jerum, do schai amol her!" – „Jo schau amol do, sölchi Sacherln san mehr!" – „Gelt Lini, wer hätt' sich dos denkt wieda heut?'" – „Mei Agerl, i hob da a narrische Freud." – „Wos moanst, wia dös wuhl zuaganga is?" – „I glaub', dös is vom Christkindl g'wiss." – „I möcht's do amol as a wirkliga seg'n." – „Jo mei, dos kann so leicht wuhl nit g'scheg'n. Aber schau, do siachst jo die Boten oll, dös Christkindl g'schickt hot in unser Tol." – „Jo, jo, dö Leut hob'n in Christkindlsinn wuhl g'wiss im guat'n Herz'n drinn." – „D'rum muaß ma a donk'n den guat'n Herr'." – „A freili, a freili, dös tua i recht gern." – „So donk holt enka." – „Und a nit wenka." – „Und wir oll mitanand für enka guats Herz und d'mildtätig Hond."

Dann als gesungen war, torkelte ein altes Weibelin herein und aus zahnlosem Mund bgeann es sich zu verwundern darüber, dass neuzeit sogar in der Stube Bäume wachsen und zwar solche, die anstatt Blüten Lichter hätten. Zu ihrer Zeit hätte man von solchen Sachen nichts gehört und sie möchte am liebsten selbst wieder jung werden, um in einem so schönen Schulhais in die

Schule zu gehen. Kaum das alte Weiblein so gesprochen, geschah ein Wunder: Die Hüllen des Alters fielen von ihr ab, das graue Harr sank zu Boden und ein junges frisches Mädchen stand da, das nun nach Herzenslust in die Schule gehen kann. Dieses einfache sinnige Darstellung ergötzte und rührte alle Anwesenden. Dann sangen die Kinder unter des Waldschulmeisters Begleitung mit dem Harmonium Weihnachtlieder, so das alte, in Alpl einst do gern gesungene „Los nur, mei Nochbar mit Fleiß“, dann „O Tannenbaum!“, hernach „O fröhliche, o seligen, o gnadenbringende Weihnachtszeit!“ und endlich das lieblichste aller Weihnachtslieder, in der Hütte wie im Palast daheim „Stille Nacht, heilige Nacht!“

Schlicht, geistvoll und weihevoll war die Festrede, gehalten vom Präsidenten des Österreichischen Touristenklubs, Dr. Rudolf Spanagel. Um aus Anlass des sechszigsten Geburtstags den Stifter des Waldschulhauses zu ehren, seien sie hergekommen, die armen, braven Kinder zu beschenken. Ich kann die hochehrenden Worte hier ja nicht wiederholen, ich hörte sie ja eigentlich auch nur mit dem Ohr der Waldheimatkinder. Es war, als ob mein halb städtisch gewordenes Weltherz zu Hause in Graz geblieben wäre, als ob

in meiner Brust wieder nur das einstige Waldbauernbub-Herzlein klopfe, freudig, freudig, dass es nun beschenkt werden wird. Und wie beschenkt! Der Präsident selbst teilte die Gaben aus, legte sie in die Arme der Kinder, die bald ihre Reichtümer nicht mehr zu umfassen vermochten. Die Kinder waren einunddreißig. Jeder der Knaben erhielt einen vollständigen Steireranzug, jedes Mädchen ebenfalls ein graues, grünausgeschlagenes Kleid. Ferner erhielt jedes Kind vollständige Wäsche, Strümpfe, Schuhe, Hauben, Hüte, in denen sich auch noch besondere Dinge vorfanden: Nüsse, Backwerk, Bürsten, Seife usw. Die Mädchen bekamen, von einer edlen Wiener Dame besonders gespendet, hübsche Nähkästchen mit Zugehör, dann gab es Bücher und mancherlei sonst. Ich habe mir nicht einmal alles im Gedächtnis behalten können, was die kleinen Leutchen nun in den Armen halten und nach Hause tragen mussten. Ein ungenannter Gönner in Wien hatte für den Musikunterricht Violinen geschickt und so hing den Alplkindern in jeder Beziehung der Himmel voll Geigen. Die jungen Augen leuchteten um die Wette mit den Kinderherzen! Ja, meine Freunde vom Touristenklub, einen schöneren Aufstieg habt ihr noch nie gemacht, als an diesem Weihnachtstage. Hö-

her kann man nicht steigen, als auf die lichten Höhen reiner Menschlichkeit. Ich werde diese Stunde nimmer vergessen.

Bevor wir Abschied nahmen von diesem wundersamen Christbaum, konnte noch mitgeteilt werden, dass ein hochherziger Mann in Wien die Suppenanstalt für das Waldschulhaus auf fünf Jahre hinaus gesichert hat. Von der gleichen Seite ist auch der armen Einleger[8] und besonders bedürftiger Familien in Alpl gedacht worden.

Die Alplkinder, zumeist ganz kleine Wesen, haben kein Wort des Dankes zu sagen vermocht, aber in ihren rosigen Gesichtern mit den hellen Guckern hat man alle acht Seligkeiten lesen können. So haben sie nun, von ihren Eltern und Verwandten unterstützt, die reichen Spenden davongetragen, hin in ihre einsamen Höfe und Hütten, um es wohl erst daheim recht inne zu werden, was an diesem Tage ihnen geworden ist.

---

8 Alte, arbeitsunfähige Dienstboten

Die Festgesellschaft hat aber nun eine kleine Winterpartie gemacht zu Schrufs Bergwirtshaus am Alplsteig, wo ein Mittagessen stattfand, das wieder mit herrlicher Rede und fröhlichen Gesprächen gewürzt wurde. Mittlerweile hatte die liebe Sonne den Nebel überwunden und zeigte den Städtern eine prächtige Winterlandschaft mit dem leuchtenden Wechselgebirge im Hintergrund. Nachdem zu Ehren des Touristenklub-Präsidiums noch ein Hörnerschlittenausflug nach dem nahe St. Kathrein am Haustein gemacht worden war, wurde es Zeit zur Rückkehr ins Mürztal. Auf der Höhe des Hollkogels nahte wieder der Nebel, um unsere Frohstimmung vor den traurigen Waldbildern zu schützen. Und in die Silberfäden des Nebels wob sich sacht das dunkle Tuch des Abends. Durch die blasse Dämmerung, in der man nicht zwanzig Schritte vor sich sah, sausten wir auf dem Hörnerschlitten, immer an Abgründen entlang, in wilder Jagd zu Tale. Neben mir saß eine junge Frau, der die Fahrt deshalb so besonders gut gefiel, weil sie da-

mit gar schnell ihrem kleinem Büberl nahekam, das dort unten in einem Haus des Tales ihrer wartete. Es war zum Jauchzen, dieses Hinfliegen zwischen Zeit und Ewigkeit. Freund Toni Schruf jauchzte wirklich, er war dazu der berechtigste, denn diese Fahrt war sein Werk. Der Präsident war so begeistert, dass er am Schlitten kein Einschleifen dulden wollte – flott darauf los und gehe es schnurgerade in die Hölle! Ich war nicht ganz dieser Meinung, denn ich wusste jenes herzige Knäblein, das ein Waisenkind geworden wäre, wenn die junge Frau, die neben mir saß, mit uns in den Abgrund geflogen wäre. Ich für meinen Teil schwieg und gab mich ganz dem Märchen hin, wie ein Weg, zu dem der Waldbauernbub einst länger als eine Stunde gebraucht hatte, jetzt auf diesem Zaubermantel in wenigen Minuten zurückgelegt wurde. Ja wahrlich, faustisch ist unser Leben geworden. Sollte der menschliche Geist, der heute kühn das Verwegenste wagt, sich wirklich dem Teufel verschrieben haben? Dann wüsste ich freilich keine bessere Erlösung als sie, so der Österreichische Touristenklub praktiziert, da er in kalter Winterszeit arme unschuldige Kinder bekleidet oder sonst derer liebreich gedenkt, von denen der Heiland sagt: Was er ihnen tut, das tut ihr mir. Opferfrohe Nächstenliebe! Da kann der Teufel schon machen, was er will, solche Seelen kriegt er nicht.

Die heilige Weihnachtszeit

Wenn der Städter über Feiertage etwas Sicheres wissen will, so muss er sich bei den Bauern anfragen. Der städtische Arbeiter genießt den Feiertag, ohne viel darüber nachzugrübeln; der Bauer, der sonst nicht gerade gewohnt ist, den Grund und Zweck der Dinge zu erfassen, will jedoch wissen, warum er rastet, in die Kirche geht oder sich einen Rausch antrinkt. Er hat seine Feiertagswissenschaft und seine Feiertagsstimmung. Ich will von mir nicht reden, sagt man, wenn man von sich selbst zu reden beginnt. Allein um das zu sagen: Ich war, so lange mich die Bauernfeiertage noch etwas angingen, ein gar radikaler Patron. Mir waren der Kirchenkalender und darin die einzelnen Feste chronologisch zu sehr verschoben. Ich wollte, dass das kirchliche Jahr und das Sonnenjahr gleichen

Schritt halten sollten, wie sich's auch gehört, wenn Himmel und Heiland mit einander harmonieren wollen. Da die Sonne nun aber einmal nicht nachgibt, so sollte die Kirche nachgeben. Sie hätte, wie ich einmal gelesen, ihre größten Feste ohnehin auf willkürliche Tage gesetzt. Und wenn am 22. Dezember, als an dem Tage, da die so tief gesunkene Sonne ihre Umkehr hält, schon der Advent nicht beginnen will, so hätte ich es mindestens gern gesehen, dass am selben Datum der Christtag gewesen wäre. Daran hätte sich ohne Einschub schicksam gereicht alle Feste, die sich auf die Kindheit Jesu beziehen, als das Fest der Beschneidung, der Opferung, der Heiligen Drei Könige, der Unschuldigen Kinder usw. so dass wir mit den Weihnachtsfeiertagen bequem vor dem Fasching fertig geworden wären. Nach derselben Fortsetzung aller weiteren Feste, mit denen man bis Ende Juni zu Rande gekommen sein würde. Die zweite Hälfte des Jahres könnte den Heiligenfesten gewidmet werden, und das Durcheinander wäre einmal nicht Not! – Und die Richtigschiebung der Zeit könnte auf die einfachste Weise bewerkstelligt werden, wenn man vierzig Jahre lang den Schalttag aus dem Spiele ließe. Durch das zehnmalige Wegfallen des Schalttages wäre das bürgerliche Jahr um zehn Tage verrückt und fiele mit dem Sonnenjahr zusammen. – Ich habe diese Reformpläne auch richtig einmal meinem Beichtvater, dem guten alten Pfarrer Johann Plesch in Kathrein am Hauenstein, vorgelegt; dieser meinte, wie er die Gelehrten und auch die Katholische Kirche kenne, würden sie auf eine solche Änderung nicht eingehen wollen. Es hätten die Franzosen einmal bei einer großen Revolution mit Feuer und Schwert die Sonn- und Feiertage verlegt, wäre doch aber schließlich die heilige Kirche mit ihrem alten Brauch Herr geblieben.

So sollte ich als einfältiger Bauernbub von solchen Sachen hübsch still sein. Sonach beschäftigte ich mich heute mit dem, wie es ist, und nicht mit dem, wie es sein sollte.

Die Weihnachtszeit hebt – wie die Weltgeschichte überhaupt – mit Adam und Eva an.

Diese unsere lieben Eltern haben dem Kalender nach am 24. Dezember ihren Namenstag. Daher könnten schlechte Christen die Weihnachtsgeschenke auch so auslegen, als ob am Tage ihrer ersten Eltern, als am Erinnerungstage ihres eigenen Entstehens, die Menschheit mit Liebesgaben sich selber gratulierten. Weil ihr in der Tat zu gratulieren wäre, wenn sie sich täglich so benähme, wie am Weihnachtsabende.
Die eigentliche Weihnachtsvorahnung beginnt mit dem „Nikolo" und vollends mit der Thomasnacht, die Christnacht und die Silvesternacht sind die Nächte der fragenden Jungfrauen. In der Thomasnacht werfen sie ihre Schuhe nach der Kammertür; bleiben die Schuhe so liegen, dass die Spitzen in die Kammer weisen, so kommt im nächsten Jahr ein Bräutigam; stehen die Schuhspitzen gegen die Tür, so kann auch einer kommen, geht aber wieder fort. In der Christnacht tragen die Jungfrauen vom Holzgelass einen Arm voll Scheiter ins Haus; sind die Scheiter paarweise, heißt das: in gerader Zahl, so wird im nächsten Jahr geheiratet. In der Neujahrsnacht endlich soll beim Bleigießen ein Figürlein die Hoffnung bestätigen. Das liebe Dirndl im Hochreithhofe: die Schuhe versprachen ihn, die Scheiter verspra-

chen ihn und das Blei ließ die günstige Auslegung zu. Er kam, sie saß ihm auf und – blieb sitzen. Jetzt weiß man nicht, sind die Männer nichts nutz, oder die Gebräuche! Das heilige Schauern, das am Christabend durch die Welt geht, empfindet auch der Bauer. Auch ihm wird warm. Ist's doch als ob an diesem Tage die Naturgesetze andere geworden wären. Fast bangt man um das Gleichgewicht der Welt, da so plötzlich alles Freude ist und überall die Charitas herrscht.
Zum Glück ist der Tag bald vorüber, dem großen Feste ducken sich St. Stefan und Johannes an; der erstere will als Erzmärtyrer an der Weihnachtsfeier Anteil haben, der letztere beruft sich auf seine besondere Freundschaft mit dem Heiland; der erstere macht sich bei den Bauern durch sein Stefaniewasser wichtig, der letztere weiß sich mit dem Johanneswein einzuschmeicheln – aber zu dem eigentlichen Weihnachtsgefolge gehört keiner von beiden.
Erst der Unschuldige-Kindertag ist wieder echt; er bringt in den süßen Weihnachtsfrieden die schreckbare Kunde von dem Kindermassenmord des Herodes. Das Volk feiert dieses Gedächtnis durch Rutenstreiche, mit denen eins das Andere am Morgen des achtundzwanzigsten Tages im Dezember unter den Worten: „Frisch und gesund!“ aus dem Bette peitscht.

Nach den unschuldigen Kindern kommt ein heiliger Thomas, geborener Londoner, ein Bischof zu Kandelberg, der sich so wacker und unbiegsam den Staatsgesetzen seines Vaterlandes widersetzt hatte, dass ihn die Kirche heilig gesprochen. Unsere Bauern nennen den Mann „Thoma Windfeier" und sagen, wenn sie an diesem Tage nicht arbeiten, so werden sie im kommenden Jahre von kalten Winden und Stürmen verschont bleiben. Sie machen daraus den fünften Weihnachtsfeiertag. Als sechster folgt einer aus dem Alten Testament – ein berühmter Poet und Saitenspieler – der liebenswürdige König David. Der alte Herr hat in der Tat auch ein Recht, Weihnachtsbesuch zu machen bei dem Kinde, das ja seinem – dem Geschlechte Davids entstammt. Heiligenlegenden und antisemitische Kalender ignorieren den Alten und protegieren an diesem Tage die heilige Witwe Melania. Von dieser Witwe steht's in der Hauspostille des Bauers gar schon zu lesen: sie war eine reiche Römerin, aus Liebe zu Gott etwas störrig gegen ihren Mann, bis sie dann beide ins Kloster gingen, wo der Gatte bald starb, Melania sich jedoch den göttlichen Wissenschaften hingab und mit großer Beredsamkeit der Frauen gegen die Irrlehren kämpfte. Vor so einer muss der jüdische Harfenist freilich zurückstehen.

Endlich ist Silvester da. Dieser Mann war bekanntlich römischer Papst; er hatte stark mit den Juden zu kämpfen. Ich erinnere mich an ein Geschichtlein. Eines Tages brachten die Juden einen wilden Ochsen zu ihm und sagten: der Name ihres Gottes sei so groß und schrecklich, dass, wenn sie selben dem Ochsen ins Ohr sagten, das Tier auf der Stelle tot zusammen stürzen müsse. Der Papst ließ es auf eine Probe ankommen, und in der Tat, der Ochse fiel bei der Nennung des Judengottes um und war tot. Nun sagte der Papst Silvester: „Wenn der Name eures Gottes so schrecklich ist, ein Tier zu töten, so ist der Name des meinen so mächtig, es wieder zum Leben zu erwecken.“ Er rief das Wort aus – und das Tier wurde wieder lebendig. Indes hat Silvester seine große Berühmtheit weniger dieser Auferweckung zu danken, als dem Umstand, dass er der Schlusswart des Jahres geworden ist. Das ist aber beziehungsweise seit kurzer Zeit; erst im Jahre 1583, also vor dreihundert Jahren, hat der gregorianische Kalender im katholischen Deutschland Eingang gefunden, wonach Silvester als Torschließer angestellt wurde und als solcher mancherlei Gratifikation bezieht.

Das Neujahrsfest ist der achte in der Reihe der Weihnachtsfeiertage. An diesem Tage schiebt der Bauer seinem Vaterunser folgenden Satz an: „Wölln Gott bittn um a glückseliges neus Jahr; und dass er's verflossni Johr glückseli g'schenkt hot, donksogn!" Der Kracher Martin auf der Niederlenthen ist so gottergeben zufrieden, dass er, als ihm in einem Jahr ein reicher Oheim, zwei Weiber und eine Schwiegermutter starben, in dem Satz des darauffolgenden Neujahrsgebetes: „'s verflossni Johr glückseli g'schenkt hot, donksogn' nicht eine Silbe änderte.

Nun kommen vier Werktage, die aber, weil sie noch in der Weihnachtszeit liegen, eine gewisse Ausnahmestellung genießen; es soll in denselben weder gedroschen noch gesponnen werden. Der Abend des 5. Jänner gebärdet sich als ob mit ihm das hohe Fest von neuem beginnen wollte. Wie am Christ – und am Silvesterabend, so geht der Bauer mit dem Weihrauchgefäß und dem Sprengwedel durch Haus und Hof; nur der Unterschied, dass er diesmal mit der Kreide an jede Tür und jedes Tor drei Kreuze zeichnet, und auf die Türstirne seiner Stube oder den Trambaum folgende Zeichen malt: C + M + B +. Mancher, der's leider selber nicht kann, entlehnt sich irgendwo einen Schriftgelehrten, der ihm die „Heiligen Drei Könige“ aufschreibt.

Mich ließ einst für diese Geschäft unsere Nachbarin, die alte Riegelbergerin, holen; nun war im Hause ein Stück Kreide von der Größe einer Erbse, so dass ich es kaum zwischen den Fingern zu halten vermochte. Das C und das M gelangen mit Mühe, dann sprang das weiße Körnchen plötzlich ab, verkollerte sich auf dem Fletz und war nicht mehr zu finden. Was jetzt? Ich zeichnete das B mit einem Stück Holzkohle. Die Riegelbergerin erschrak, denn gerade als Schutz gegen den „Schwarzen“ hatte sie sich die heiligen Zeichen machen lassen. Fragte ich denn, ob sie diese Sache je mit besserem Schick und Sinn ausgeführt gesehen? Ob sie nie etwas davon gehört, von den Heiligen Drei Königen der eine der Balthasar, ein Mohr gewesen?

Der Ausspruch hat mir ein Stück Kletzen-

brot eingetragen; was weiter war, weiß ich nicht mehr. Wenn ihr brave Kinder wäret, meine lieben Leser, ich würde euch viel Anmutiges erzählen von den Heiligen Drei Königen. Es sollen, sagt eine Auslegung, nicht sowohl Könige als Weise gewesen sein, aber man hat erwogen, dass man vor dem Volke mit goldschimmernden Königen mehr Ehre einlegt, als mit Weisen. Der Prophet Balaam hatte einst gesagt: Es wird aus dem Reiche Jakobs ein Stern aufgehen, und der wird einen mächtigen König bedeuten über Juden und Heiden. Hierauf stellten die Heiden Wächter auf einen Berg, den Stern zu erspähen, und diese wachten anderthalb tausend Jahre. Aber in einer Nacht, da von der Wüste der warme Hauch heranwehte und aus der Ferne das Meer rauschte, schliefen sie ein. Da ging der Stern auf. Das kündeten sie den Ländern. Und hierauf machten sich drei Könige auf den Weg, den Stern zu suchen. Es war nächtig und der Stern zuckte vor ihnen über den Erdeboden dahin, und weil sie Weise waren, so gingen sie dem neuen, unbekannten Lichte nach, Tage und Tage lang; es gesellten sich ihnen auch andere Könige und Herren bei mit großem Gefolge, bis sie in die Stadt Jerusalem kamen. In dieser Stadt sprachen sie beim Herodes vor, fragend, wo der große König sei, auf den der Stern deute? Der Judenkönig beehrte die Gäste mit Pomp und antwortete: der große König sei er selber und einen andern kenne er nicht in diesem Lande. Sie möchten aber suchen, fänden sie einen, der größer wäre als er, so sollten sie es ihn wissen lassen, dann sei er der erste, der sich neige. – Sie wanderten weiter. Der Stern glühte über die Auen dahin und stand still über einem Dache, das eine reisende Handwerksfamilie barg. Und ein Kindlein war da in der größten Armut und Bedürfnislosigkeit, und hatte helle, freundliche Augen. Die Könige, da sie müde waren und nicht mehr hoffen konnten, den Gesuchten zu finden, legten ihre besten Gaben dem Kinde hin. Aber die armen Leute sagten: „Wozu brauchen wir euer Gold, euren Weihrauch, eure Myrrhen? Die Erde ist unser Bett, der Himmel ist unser Hut. Dieses Kind, welches so hablos ist, dass wir es auf das Heu des Rindes legen mussten, ist nicht gekommen zu empfangen, es ist gekommen zu geben."

Da flüsterten die Könige zueinander: „Wir haben ihn gefunden. Lasst es uns eilig dem Herrn Bruder melden!" Einer von ihnen, der schwarz an Farbe, war gab die Meinung ab, Herodes scheine nicht dazu angetan, sich in seinem Lande vor einem andern zu beugen. Es würde klug sein, ihm das Kind nicht zu verraten. Sie kehrten auf anderem Wege in ihre Länder zurück. – Herodes hatte trotzdem erfahren, dass sich unter den kleinen Kindern zu Bethlehem eines befinde, das nach der Weissagung der Juden größter König werden würde, und da es ihm nicht gelang, dasselbe herauszufinden, so ließ er in und um Bethlehem alle Knaben ermorden. – Schlaft ihr? Oder weint ihr? Oder belächelt ihr den Erzähler? Ach, ihr habt die Botschaft schon allzu oft und in allzu absichtlicher Weise gehört, um die göttliche Lieblichkeit und wilde Größe, die darinnen liegt, noch zu empfinden! Von den drei wirklichen Weihnachtsfesten – der Geburt, der Beschneidung und der Erscheinung der Könige – birgt das letztere den grandiosesten Inhalt, die unbegreiflichsten Wunder. Warum kamen die mächtigsten Herren und knieten vor dem armen Kinde? Weil sie Weise waren, als ob sie wussten, dass sich im Wohlleben und Prunk kein Gottmensch entwickeln kann, dass die Armut und die Einsamkeit und die Verlassenheit, und alles Liebe und alles Leid des Volkes, dazu gehört einen groß angelegten Menschen zu einem Heros und Erlöser zu machen. Wenn ich wieder einmal auf der Tenne stehen sollte und den Korngaben predigen, wie einst als zehn- bis vierzehnjähriger Junge, da ich den Strohköpfen die Weihnachtspredigten hielt, bis mir unser Knecht Markus einmal im Vertrauen mitteilte, ich sei der schönste Pfaff für die Hauskapelle in einem Narrenturm – wenn ich wieder einmal so vor Strohköpfen predigen sollte (kein Mensch kann's wissen, was ihm bevorsteht), ich wollte die Geschichte von den Drei Heiligen Königen und ihrem Stern so verwegen ausspinnen, wie ich es an dieser Stelle nicht tun darf.

Am zweiten Tage nach Heiligen-Drei-König ist das Gedächtnis des heiligen Erhard, der im steirischen „Mannelkalender" mit einem Bischofsstabe und einer Holzaxt angedeutet steht. Die Legende erzählt, dass die Holzaxt das Marterwerkzeug wäre, mit welchem der heilige Bischof getötet worden sei; aber der Bauer weiß es, dass Sankt Erhard die Axt hat, um damit endlich die Weihnachtsfeiertage abzuhacken, nachdem solche mit leichten Unterbrechungen zwei volle Wochen gedauert haben. Andere Auslegungen sind, dass Erhard mit der Axt die eingeeisten Mühlräder enteisen und dann in den Wald Brennholz hacken gehen will.

Und so ist Werktagzeit geworden. In der Kirche klingt die Weihnachtsstimmung noch bis Maria Lichtmess fort. Hier außen tobt der Karneval; wer nicht arbeitet und nicht betet, der mag tanzen, der Erdeboden ist eingeölt, der Himmel drückt ein Auge zu. Und mich wollen jetzt, da ich diese Betrachtung beschließe, die Prosanen haben und die Frommen. Beide, um mich zu verbrennen. Ich entschlüpfe den geringen Krallen wie ein Schmetterling. Ich liebe die Blumen. Und die holde, die selige Weihnachtszeit mit ihren heiligen Mythen ist eine Blume mitten im Winter des Jahres und des Lebens – eine Blume, die an meinem Busen blühen möge, wenn ich freie und wenn ich sterbe. Oder weiß einer von Euch Frommen und Prosanen im Himmel und auf Erden schöneres zu denken, als eine junge keusche Mutter mit dem Kinde? Als ein

Kind, das mit dem Fleisch gewordenen Wort: „Tue Gutes denen, die dich hassen; liebe deinen Nächsten wie dich selbst“ die Welt erlösen will? Über der Waldlandschaft liegt eine starre, blasse Winternacht. Am Himmel steht der Mond, aber der Schnee auf den Fichtenbäumen flimmert nicht, denn der Mond und die Sterne sind durch eine matte Wolkenschicht verdeckt. In solcher Dämmerung sind die Höhenrücken und die Täler und Schluchten nur unbestimmt zu sehen, hier ragen die schwarzen Zacken der Bäume schärfer auf, weiterhin verschwimmen die Umrisse der Berge und Bäume teils in Frohlust, teils im Schleier eines sachte beginnenden Schneiens. Durch diese Nacht zittert ein Klingen. Es kommt von allen

Seiten her, es ist, als ob die Schneeflocken in der Luft klängen. Es steigt von den Tälern herauf, wo Dörfer und Kirchen stehen, es sind die Glocken der heiligen Weihnacht. Welch eine wunderbare Erscheinung an diesem Tage! Wenn eines Tages am Himmel zwei Sonnen stehen, so ist das Wunder nicht größer, als jenes, das sich am Weihnachtsfeste vollzieht. Das ist ein Tag, an welchem von all den eigennützigen Menschen keiner an sich, jeder an andere denkt. Einer den andern mit Freuden zu überraschen, mit Gaben zu überhäufen, das ist das Ziel dieses Tages. Es ist kalter Winter, aber keinen friert, denn die Kerzen sind warm. Es gibt heimliche Arbeit Tag und Nacht, keiner ermüdet, keinen hungert, die Liebe zum Mitmenschen stärkt und sättigt alle. Es ist, als ob die Naturgesetze andere wären, und fast bangt man um das Gleichgewicht der Welt, da so plötzlich alles in Freude ist, da so plötzlich die Allgewalt der Charitas herrscht.

Wenn ich am Morgen des Weihnachtsabends erwache und mein Auge auf den Christbaum fällt, der in Erwartung der nahen Jubelstunde still auf dem weiß gedeckten Tische steht, da werden mir die Augen feucht. O Weihnachtsfest, das du die Herzen der Menschen erweckest und mit himmlischem Maienhauch die Erde zum Heiligtum wandelst, sei gegrüßt! Sei gegrüßt, du göttliches, du unbegreifliches Weihnachtsfest.

Der heilige Abend und der Christtag! Zwei Tage haben wir im Jahre, an welchem die Liebe herrscht, die vor nahezu zweitausend Jahren der Heiland geoffenbart hat. Wenn jedes neue Jahrtausend auch nur einen Tag der selbstlosen Liebe in das Jahr dazulegte, so brauchen wir nur mehr dreihundertdreiundsechzigtausend Jahre, bis die Erde – vorausgesetzt, dass sie so lange das Leben hat – ein Himmelreich ist.

Übrigens, wenn manche Leute das, was sie für den „Himmel" tun, ohne dass die Mitmenschen davon einen Vorteil haben, für diese Welt und ihre Bewohner üben wollten, wir kämen noch um ein Bedeutendes früher zum heiß ersehnten Reiche Gottes auf Erden. – Ihr kennt die Geschichte, wie der arme Gregor hinausging in den Wald, um für seine lieben Kinder ein Christbäumchen zu holen. Dabei ergriff ihn der Förster und ließ ihn als einen Dieb und Waldfrevler sofort in den Arrest stecken. Das bürgerliche Gesetzbuch sagt, der Förster

hätte recht getan. Das ist mir schon ein Verdächtiger, der immer nur aufs bürgerliche Gesetzbuch schaut und auf nichts anderes. Wir tragen ein anderes Gesetzbuch in unserem Herzen. Als ich einst in jungen Jahren aus dem Waldhause in die Fremde ging, unwissend und unerfahren, nahm mich meine Mutter an der Hand und sagte: „Peter, wenn du einmal einem anderen etwas tun willst und weißt nicht, ob's recht oder unrecht ist, so mache auf ein Vaterunser lang die Augen zu und denk', du wärest der andere." – Da habt ihr das Evangelium, den Katechismus und das bürgerliche Gesetzbuch in wenigen Worten beisammen. Finden denn die Weihnachtsglocken nimmer Harmonie in unserer Seele? Heute ausgelassene Schenkfreude, morgen wieder Lieblosigkeit. Wäre denn die Treue, das herzliche Anschließen des Menschen nicht selbstverständlich auf dieser Welt, wo die Elemente jede Stunde tausend Waffen gegen uns bereithalten? Wahrlich, es ist nicht klug, sich Feinde zu schaffen unter den Brüdern und hohlen Phantomen nachzujagen und Herzen zu verwunden die kurze Zeit, da wir das Sonnenlicht schauen über den Gräbern. Die Lichter am Weihnachtsbaum, sie brennen genauso feierlich ernst und still, wie jene dereinst an der Totenbahre!

Peter Rosegger (1843–1918) gehört zu den bekanntesten österreichischen Schriftstellern. Er wird in der Oststeiermark als ältester Sohn eines Bergbauern geboren. Lesen und Schreiben lernt er bei einem Lehrer im Ruhestand. Während seiner Lehre als Schneider schreibt er seine ersten Gedichte. Der damalige Redakteur der „Grazer Tagespost" erkennt sein Talent und ermöglicht ihm eine Ausbildung an der Grazer Akademie für Handel und Industrie. Nach Abschluss der Ausbildung beschließt Peter Rosegger, die Schriftstellerei hauptberuflich auszuüben. Ab 1870 veröffentlicht er fast jährlich Gedichte, Erzählungen und Romane. Zunehmend erlangt Peter Rosegger auch internationale Bekanntheit. Die drei Erzählbände „Als ich noch der Waldbauernbub war" (1899–1902) gehören zu den größten Bucherfolgen der Zeit. 1913 wird er für den Literatur-Nobelpreis nominiert. Neben seiner schriftstellerischen Tätigkeit engagiert er sich für soziale Projekte und unterstützt vor allem Schulen und Kirchen.